不打不骂，穷养男孩的100个细节

（第四册）

宿文渊　编著

中国华侨出版社

前　言

把一个浑身上下满是棱角的男孩养育成才非常不容易。由于性别差异，男孩与女孩之间有着太多不同：男孩精力旺盛调皮捣蛋，所以身上总是麻烦不断；男孩自控能力较差，常常禁不住外界的诱惑；男孩具有强烈的金钱欲，很容易会被金钱所诱；男孩的自尊心极强，他们很容易做出莽撞的事情来……面对男孩成长过程中出现的种种状况，家长往往也是一个头两个大：我们究竟该怎么办？

男孩穷养就是最好的方法。俗话说"穷人的孩子早当家"，顶天立地的好男孩一定是穷养出来的！有句话说，天将降大任于斯人也，必先苦其心志，劳其筋骨，饿其体肤，如此才能修身齐家治国平天下。所以，无论家境多好，对男孩绝对不能宠，必须穷着养，让他吃得苦中苦，从吃苦中使他的意志得到磨炼，培养其艰苦朴素、吃苦耐劳的作风，仁义孝道的思想，让他从小就明白生活的艰辛。如此，将来方可担负起社会和家庭的重任。相反，一个男孩如果兜里从来都有大把的金钱可支配，他的大脑自然会更多思考"如何花钱"的问题，而不是"如何赚钱""好好学习"或"如何才能提高自己的能力"……慢慢地，金钱浸润下成长的男孩，也就走上了人生的弯路。无数例子告诉我们，过多的物质和金钱不仅难以培养男孩独立面对未来的能力和魄力，反而会将他本应具备的能力和积极进取之心彻底地埋葬。正是从这个意义上说，穷养男孩才有了更为深刻的内涵。

做男孩的父母就得"狠"一点，就要狠心穷着养。家长将男孩奉为家里的"小皇帝"，对其溺爱无度，就会养育出个"扶不上墙"的"啃老族"。家长对男孩狠一点，懂得"穷养"男孩的真谛，在其成长过程中赋予他一定的能力，培养他良好的品格，男孩就能顺利成长为一位的男子汉！今天对男孩"狠心"，明天才能对男孩"放心"。而穷养男孩的实质是培养男孩自立自强，成为勇敢出色的男子汉。穷养中的磨砺会成为蕴藏在男孩内心深处的取之不尽的资本，让他受益终生。正如心理学家威廉·詹姆士所说："播下一个行动，收获一种习惯；播下一种习惯，收获一种性格；播下一种性格，收获一种命运。"穷养的男孩，将来步入社会后更容易适应环境、承受逆境，具备独立支配自我的能力。父母望子成龙不能等，从小就要穷养男孩，为儿子将来有出息打下基础。当然，穷养男孩并不单纯指让男孩在物质上、金钱上克勤克俭，更是指磨炼着养男孩、锻炼着养男孩。

　　本书结合男孩的特点个性以及成长规律，从不同角度出发，为男孩的父母提供了一套成功教子方案，使男孩的父母们掌握教育的正确方向和科学方法，真正教到点子上，是每一位望子成龙的父母的必读书。本书深刻分析了男孩与女孩的不同之处、男孩天性中的优缺点，以及父亲和母亲在养育男孩过程中所应起到的不同作用，统揽男孩成长过程中的教育问题及解决办法，全面介绍男孩的身体、心理、情绪、性格、天赋、学习、潜能等各个方面的培养，如怎样穷养出有上进心的男孩，如何锻造男子汉特性，如何激发男孩的潜能，如何引导男孩爱上学习等，指导父母教出有素质、有能力、有眼光、有魄力的卓越男孩。书中综合介绍了国际著名教育家老卡尔·威特、蒙台梭利、多湖辉等的教育理念，最有助于发展男孩天性的教育方法，以及透视男孩成长所应掌握的心理学，如攻击性心理、杜根定律、投射心理等，有效解决了最令男孩父母头疼的难题，如如何说男孩才会听、如何避免男孩成为"娘娘腔"、男孩如何安全度过青春期、怎样令男孩学会应对挫折等。静心阅读，用心思索，掌握了这些穷养男孩的细节，你就会发现，想要养育出一个出类拔萃的男孩并不是多么困难的事情！

目 录

第十二章　把潜力扩大到 N 次方

——激发男孩的创造潜能

第十三章 乐群、合群——男孩最应具备的成功能力

第十四章　习惯收获性格,性格收获命运
——优秀男孩必须养成的个性习惯

第十五章　告诉男孩这样学最有效——引导男孩快乐学习

第十六章　爱读书的男孩不会变坏——怎样让男孩爱上读书

不打不骂，穷养男孩的100个细节

录

五

第十二章　把潜力扩大到 N 次方

—— 激发男孩的创造潜能

细节72　每个男孩都是天才

创新，源自拉丁文，是"生长"的意思，也是源于古罗马五谷女神塞瑞斯的名字。创新不是天上掉下来的恩物，创新源自于地上，植根于泥土，影响着生活。

人类社会发展进步的历史就是不断创新的历史。人类学会了驾驭马匹以代替步行，当他们觉得马车仍不够快时，他们就幻想着能够像鸟一样自由地飞，于是就有了汽车，有了飞机。人类就在不断创新中得到飞速的发展。

人们从科学技术日益迅猛发展进步中，越来越深切地感受和认识到创新的重要和可贵。有识之士提出了响亮的口号："创新是21世纪的通行证。"

海尔执行总裁张瑞敏在接受《中外管理》杂志采访时，曾表示："我佩服通用的韦尔奇，他既能把企业做大，同时又能把企业做小。在全球企业中，只有他做到了。"张瑞敏所欣赏的，也正是海尔自己正在做的。海尔要把每个员工经营成"SBU"，就是要充分发挥每位员工的创新精神，成为海尔发展的动力，从而保持企业安全稳定、快速永续的发展。

"SBU"是"strategical business unit"的英文缩写，即"战略事业单位"的意思，不仅每个事业部而且每个人都是一个"SBU"，那么集团总的战略就会落实到每一位员工身上，而每一位员工的策略创新又会保证集团战略的实现。

所谓"SBU"，用海尔副总裁、商流推进本部部长周云杰的话就是"每个员工都是一个公司"。因为既要有大企业的规模，又要有小企业的快速反应，因此必须把大企业的航母变成无数个可以拆分的单独作战的主体，不是"各自为政"，而是"各自为战"，所以，就要把每个员工都变成一个"战略事业单位"。

海尔的做法是使得企业中的每个人都是一个公司，都能够进行自主经营，海尔把这个思路叫作"每个人都成为一个'SBU'"。其本质是将创新精神作为基因植入员工身上，在这个基础上创造有价值和竞争力的订单。"SBU"经营作为一种倡导员工自我经营的领先的经营理念和经营方法，一方面赋予每个人一片独立创新的天地，可以最大限度地激发员工的潜能、创造性和积极性，实现了员工创新空间和自我价值实现的最大化，是一种真正的本能管理模式；另一方面，每个人都是一个市场，每个人又直接面对一个市场，每个人的报酬与他的市场订单直接挂钩，按效分配，体现了市场经济时代分配的公平性。

张瑞敏不仅仅懂得创新对企业发展有重大的意义，而且懂得如何发挥每一个人在创新中的价值。他认为企业中的每一个员工都是创新的原动力。每一个人也都有创新的欲望，只要把员工的创新欲望恰当地引导出来，就会创造出更大的价值。

因此，我们做父母的也应当明白男孩子心中的创新欲望，他们也是创新的主力军，只要父母在日常教育中给予正确的引导，就能挖掘他们自身的潜能，创造更大的价值，在他们成长的日子里创造更大的辉煌和成就。

"创新"对于男孩子来讲都有一种熟悉的陌生感，熟悉是因为他们在生活和各种媒体中能常常见到，陌生是因为他们觉得它很神秘。说到创新，男孩子立即会想起牛顿，想起爱因斯坦，仿佛创新就是他们这些人的专利似的。事实上并非如此，有人曾说过："创新存在于任何时间，任何地方。"

一位成功人士说过，任何人都可以推陈出新，所以父母应该让男孩子明白：一个人要想有所创造，重要的是具有创新意识和观念以及勇于尝试的精神。而对生活产生较大影响的创新发明多数都是普通人在寻常生活中发明的，而不是出现在实验室或者研究机构。

日本一位家庭主妇，将收缩薄膜覆盖在晒衣竿上并浇上热水。由于薄膜收缩，贴在晒衣竿上，于是变成了晒衣竿的塑料薄膜。这是 20 年前的一件价值 100 万日元的发明。

纺织厂的纺锤本来是卧式转动的，一天，英国纺织工哈格里夫斯偶然发现家里的纺车被妻子珍妮无意中碰倒了，使横架的纺锤竖直起来，哈格里夫斯这时想：纺锤能不能立着转呢？如果可以的话，不是可以用一个纺轮带着许多个纺锤同时转动，一下子纺出好几根线吗？正是这一思路，新的纺织机问世了，将纺锤增加到 8 个，从此，纺织业的工效提高了 8 倍。它的发明者为了纪念自己的妻子，将这部最早用于生产的机械纺机命名为"珍妮机"。"珍妮机"的运用降低了棉纱的生产费用，扩大了市场，给工业以最初的推动力。

因此，父母要让男孩子明白：创新存在于他们生活的每一个角落。只要他们能够用心观察自己的生活，积极思考，在平凡的生活中充分发挥自己的创造性，那么他们都可以进行创新活动，在他们的学习、生活和工作的各个方面都可能迸发出创新的火花。

创新能力，是每个正常男孩所具有的自然属性与内在潜能，普通人与天才之间并无不可逾越的鸿沟，惠能和尚甚至说，"下下人有上上智"。创新能力与其他能力一样，是可以通过教育、训练而激发出来并在实践中不断得到提高的。怎样才能迅速提高男孩的创新能力呢？那就是让他们耐心地把简单的事情做好。只有做好了简单的事情，才能积累更多的经验和智慧为开拓一条创新之路奠定坚实的基础。

有一位青年在美国某石油公司工作，他所做的工作连小孩都能胜任，就是巡视并确认石油罐盖有没有自动焊接好。石油罐在输送带上移动至旋转台上，焊接剂便自动滴下，沿着盖子回转一周，作业就算结束。

他每天如此，反复好几百次地注视着这种作业，枯燥无味，厌烦极了。他想创业，可又无其他本事。他发现罐子旋转一次，焊接剂滴落39滴，焊接工作便结束了。他想，在这一连串的工作中，有没有什么可以改善的地方呢？一天，他突然想到：如果能将焊接剂减少一两滴，是不是能节省点成本？于是，他经过一番研究，终于研制出"37滴型焊接机"。

但是，利用这种机器焊接出来的石油罐，偶尔会漏油，并不理想。但他不灰心，又研制出"38滴型"焊接机。这次的发明非常完美，公司对他的评价很高。不久便生产出这种机器，改用新的焊接方式。虽然节省的只是一滴焊接剂，但"一滴"却给公司带来了每年5亿美元的新利润。

这位青年，就是后来掌握全美制油业95％股权的石油大王——约翰·D·洛克菲勒。

其实，男孩人生的改变总是从有所创新开始的，"改良焊接机"改变了洛克菲勒的人生。他成功的关键在于，他特别注意普通人往往会忽略的简单小事，能见别人所未见，才能做别人所不能做的事。因此，要想让男孩成为事业的佼佼者，需要他们从简单的事情做起，发挥自己的能动性和创造力，才能创造出不平凡的业绩，为我们的人生画上亮丽的一笔。

建议一：警惕男孩子的潜能正在被浪费

在中国，传统的家庭育儿一般起步都比较晚，家长们总认为孩子在婴幼儿时期什么也不懂，不必进行潜能训练。这样就使孩子白白错过了潜能开发的关键时期；也有的家长虽然意识到应该在孩子刚出生时就训练孩子的潜能，却不知道该如何训练。没有明确的教育目的，时断时续，难以取得良好的效果；另外，一些不科学的育儿方法，甚至会阻碍孩子潜能的发展。

儿童虽然具备潜在能力，但这种潜在能力不是一成不变的，而是遵循一定的规则在变化。在老威特看来，儿童潜能是递减的，比如说生来具备100度潜在能力的儿童，如果从一生下来就给他进行理想的教育，那么就可能成为一个具备100度能力的成人。如果从5岁开始教育，即便是教育得非常出色，那也只能成为具备80度能力的成人。而如果从10岁开始教育的话，教育得再好，也只能达到具备60度能力的成人。这就是说，教育开始得越晚，儿童的能力实现就越少。这就是为后人熟知的儿童潜能递减法则。

根据儿童潜能的递减法则，某种智力发展的最佳期非常关键，它对人一生的智力发展都起着决定性作用，千万不要错过。对男孩早期智力开发的关键，就是抓住最佳期。

卡尔·威特教育法的创始人老威特指出，任何动物的潜能都有各自的发达期，而且这种发达期是固定不变的。倘若不让其在发达期得到发展，那么以后也很难发展了。

最著名的例子是英国司各特伯爵的儿子小司各特。

司各特伯爵夫妇携带他们的新生婴儿出海旅行，行至非洲海岸时遇到大风暴，船被巨浪打翻，全船的人都遇难，只有司各特伯爵夫妇带着小司各特爬上了一个海岛。那是个无人的荒岛，岛上长满了热带丛林。司各特伯爵夫妇很快就被热带丛林里的各种疾病夺去了生命，只留下孤零零的小司各特。后来一群大猩猩收养了只有几个月大的小司各特，他就跟着这班动物父母成长。

20多年后，一艘英国商船偶尔在那里抛锚，人们在岛上发现了小司各特，他已经长成一位强壮的青年，跟一群大猩猩在一起，像大猩猩那样灵巧地攀爬跳跃，在树枝间荡来荡去，他不会用两条腿走路，也不会一句人类的语言。人们将他带回英国，引起了巨大的轰动，也引起了科学家们的极大兴趣。科学家们像教婴儿那样教导小司各特，力求他学会人的各种能力，以便他能够重归人类社会。

他们花费了10年工夫，小司各特终于学会了穿衣服，用双腿行走，虽然他还是更喜欢爬行。但是，他始终也不能说出一个连贯的句子来，要表达什么的时候，他更习惯像大猩猩那样吼叫。

之所以出现这种情况，就是因为学习语言能力的发达期是在人的幼儿时期。小司各特当时已经20多岁了，他错过了学习语言的最佳时期，而错过了这段时期，他的这种能力永远消失了。

儿童潜能递减法则是实践经验的总结，所以教育男孩的第一要旨就要是杜绝这种递减。而且由于这种递减是因为未能给男孩发展其潜在能力的机会致使枯死所造成的，因此，教育男孩最重要的就在于要不失时机地给孩子以发展其能力的机会，也就是说要让孩子尽早发挥其能力。

儿童心理学指出，儿童的最佳发展时机是在婴幼儿期，即从生下来起到3岁之前。我们说，这个时期是天才裂变的时期。

建议二：真正操纵孩子命运的是父母

老威特说，如果一棵树以正常状态生长，它能够长30米高，那么这棵树就具有可以长到30米高的可能性。同样，一个孩子要是在理想的状态下成长，可以成长为一个智商高达100分的人，因此我们就认为这个孩子具有100分的高智商。具有这种智商的人就是天才，而这种天赋是人人内心都潜藏着的，因此只要对孩子进行适当的教育就可以让他成为天才。

充分发挥儿童的潜能是卡尔·威特教育法的目的，这也是老威特的教育理想。他认为世上天才不多的原因就是没有对儿童进行适当的教育以至于孩子的潜在能力得不到充分的发挥。如果能尽早地引导孩子发挥出这种潜能，就能培养出伟大的天才。

有人说，天才取决于天赋。也有人说，天才靠的是后天教育。关于这一点，老威特有他自己的看法。

他绝不是否定遗传的重要性。但是遗传对孩子的命运来说，已不像很多人所想的那样有强大的决定力。老威特的看法是：孩子的天赋当然是千差万别的，有的孩子多一点，有的孩子少一点。假设我们最幸运地生下一个禀赋为 100 的孩子，那么生就的白痴其禀赋大约只能在 10 以下，而一般孩子的禀赋大约只能在 50 左右了。

当我们说某些男孩有天赋的时候，这些孩子往往已经长到了五六岁。如果面对一个新生的婴儿，一定不会有人说，"这个婴儿以后会成为一个优秀的音乐家"或者："这个婴儿将来会成为一个了不起的文学家。"

断言一个五六岁的男孩具有什么样的先天能力，与断言一个初生的婴儿具有什么样的先天能力是不同的。前者是教育的结果，因为人们的评价依照的是五六岁以后的情景。

如果所有男孩都受到一样的教育，那么他们的命运就决定于其禀赋的多少。可是今天的孩子大都受的是非常不完全的教育，所以他们的禀赋连一半也没发挥出来。比如说禀赋为 80 的，可能只发挥出了 40；禀赋为 60 的，可能只发挥出了 30。

因此，倘能乘此实施可以发挥男孩禀赋八到九成的有效教育，即使生下来禀赋只有 50 的普通男孩，他也会优于生下来禀赋为 80 的孩子。当然，如果对生下来就具备 80 禀赋的男孩施以同样的教育，那么前者肯定是赶不上后者的。不过我们不要悲观，因为生下来就具备高超禀赋的孩子是不多的，大多数男孩，其禀赋约在 50 左右。何况如果我们以科学的方法进行生育，男孩的禀赋决不至于过差，甚至得到高超禀赋的男孩的机会也是很大的。

当然，我们承认男孩们的天赋之间存在差异，正如我们承认种子有优劣之分，但要了解，一个糟糕的种植者可能会使一颗优良的种子中途枯萎或者根本无法发芽生长，而一个高明的农业师则可能使普通的种子生机盎然，茁壮成才。

没有一个男孩生下来就注定会成为天才，也没有一个男孩命定一生会庸碌无为。这在很大程度上取决于后天的环境，取决于后天的培养和教育，父母则是其中最为直接和关键的因素。事实上，是父母操纵着男孩的前途和命运，决定着男孩的优劣成败。父母的信心和正确得当的教育观念是填平孩子之间天赋差异的关键所在。

细节 73　好妈妈不为男孩的潜能设限

在马戏团里的表演项目中，大象扮演了重头戏的角色，虽然身躯壮硕重大，但表演起来也相当灵活。这些灵活的大象也是从小就开始接受训练的，经过长年累月的调教，等它们长成巨象的时候，也就能出场表演了。

当它们还是小象的时候，为了防止逃走，调教它们的人会在它们的脚上绑一条铁链，这时候，它们的活动范围就受到这条铁链的限制，慢慢地，小象长大了，可是脚上的铁链还是像以前一样，这个时候，如果大象用力一踢，铁链就必断无疑。可是，奇怪的是，大象从来就不知道这一点，所以它们的活动范围也就是那么一点。

绑住大象，限制了它的自由，束缚它的活动的到底是那条实际的铁链呢，还是它脑海中那条无形的铁链呢？

现实中的人类又何尝不是如此？

所有从外在看来似乎完全无法克服的障碍，事实上全都是假象，真正难以突破的，是自我内心深处的重重设限。在人生策划中，只要能够战胜自己潜意识当中的"不可能"障碍，任何人都可以获得好的心情，取得好业绩，达到自己的目标，做到自己真正想做到的事情。

人的智能发展都是不均衡的，都有智能的优点和弱点，而人一旦找到自己的智能的最佳点，使智能潜力得到充分的发挥，便可取得惊人的成绩。然而，男孩们往往为自己设置了太多的心理障碍，将潜能包得严严的，使之不能发挥出来，就像大象不能挣脱那条铁链，尽管铁链已经取消或自己的力量足够强大，可障碍已经印在了头脑中，这是可怕的，也是可悲的。

家长要让孩子明白，要想有所成就，就要放飞自己的思想，做一只自由的飞鸟，不让任何事情牵绊自己，激发"沉睡"已久的生命潜能。

建议一：培养男孩的想象力很重要

爱因斯坦认为想象力远比知识本身更重要，父母在教育男孩学习好文化知识的同时，要重视想象力的培养。因为知识是有限的，而想象力概括着世界上的一切，并推动着进步。想象是知识进化的源泉。同时想象力也是一种很重要的商业思维。

父母要想让孩子拥有一个想象力丰富的头脑，需要在日常生活中培养。教育学家告诉我们，培养想象力最方便有效的方式便是游戏。在游戏中培养我们想象力的观点被越来越多的人认同和关注。下面这个游戏可以帮助我们培养想象力。

游戏的过程是这样的，游戏的主持者为了让每一个参与者进入放松的状态。主持者有语言导向带领大家进入游戏：请大家自由地呼吸并闭上眼睛。

自由呼吸，心无杂念。这样就开始了一次想象之旅。集中注意力于我的语音，并感觉你的身心开始越来越放松……继续放松……

你周围是一片黑暗……你完全被夜色所包围……你感到温馨、放松和自如。集中神志于你的呼吸，轻松地慢慢呼吸。集中神志于你周围的令人舒服的夜色，在远处，你仿佛看到了一个圆圆的小物体。慢慢地、逐渐地，它离你越来越近，最后离你只有 1 米远；它悬挂在黑色夜中，就在你的眼前。这个物体上有一个钟表，它的时针和分针都指向了 12，这是一个普通的表，有普通的黑色指针和普通的……白色的……表盘。

当你继续集中神志于表盘和指向 12 的指针的时候，你开始感到时间好像开始凝固了。现在，慢慢地，分针开始沿着表盘走动，开始的时候很慢，然后稍快，后来更快。在几秒钟的时间之内，它已转了一圈，时针现在指向 1 点了。分针继续转动，而且速度越来越快，因此时针也从一个数字跳到另一个数字，速度越来越快……当指针继续绕着表盘旋转的时候，你感到自己正被轻轻地拉……轻轻地被拖进未来之城……当你穿越时间的时候，缕缕的空气轻轻地擦着你的肌肤……直到最后，你开始慢下来……表针终于停下来了，整整 10 年已经过去了。

你向左边的远处看去，看到在光亮的地方有个人。那个人就是你，10 年后处在理想的工作环境中的你。对你来说万事如意。将你的意识融到未来的你身上，感受未来的温馨和积极。现在环顾四周，谁和你在一起？你看到了什么样的工作环境？你看到了什么样的设施和家具？周围的人们在说什么？这里有一扇窗户吗？你能看到窗外吗？如果能，你看到了什么？集中神志于你能看到的、感觉到的和听到的细节，并让自己感受未来之你的成就和纯粹的满足……

现在你感到自己又被拖进黑暗中，直到在远处，另一个场景开始浮现。就在正前方，你看到自己在另一个光明之地。这次是整整 10 年之后，你处于一个理想的家中，诸事完美……万事如意……你的身心洋溢着温馨、自豪的感觉……在光明之地环顾四方。谁和你在一起？你看到了什么家具？尽量集中神志于声音，让意象越来越清晰。集中神志于你能看到的、感觉到的和听到的细节，并让自己感受未来的你的成就和纯粹的满足。

当你又被轻轻地拉向黑暗时，光明之地开始暗下来……当我告诉你睁开眼睛时，你将重新回到现在，你将回忆起你美好的未来形象，那些美妙的成就感和满足感将在心中留驻……好了，慢慢地、慢慢地，睁开你的眼睛，你又回到了现在。

游戏结束后，让参与者记下某些意象中的细节。让他们写下一个简短的计划，表明从现实到想象意象的过程中，他们有什么收获。最后，就想象和为激励做规划的重要性展开讨论。

可见，这个有趣的游戏让男孩进行了一场想象之旅。这个游戏只是一个范例，父母还可以通过其他的游戏来培养男孩的想象力，这样在游戏中不但能体会到乐趣，还能增长智慧。这样在游戏中锻炼了男孩的想象力，丰富的想象力可以让我们的生活更有创意，更加绚烂多姿。

想象力的缺乏一直是许多男孩实践能力差的原因之一。那么如何提高自己的想象力呢？父母不妨从以下几个方面培养：

1. 要让孩子养成多提问题的好习惯

好奇心是每个人都有的，好奇心是推动男孩进行创造性思维的内在驱动力。当他们不断提出各种各样的问题时，父母要引导他们通过自己独立思考来寻找答案。

2. 丰富男孩头脑中表象的储存

表象是外界事物在人的头脑中留下的影像，是具体、形象的。因为表象是想象的基础材料，所以男孩头脑中的表象积累得多，就有进行想象的丰富资源。带领男孩经常去博物馆参观、到郊区游览、参加各种公益活动或走亲访友等，都可以让他们自己记住许许多多的表象。为了记得多、记得准、记得牢，可以通过写日记，把头脑中的表象再现出来。

3. 扩大语言文字的积累

想象以形象为主，但离不开语言材料，特别是需要用口头语言或书面语言将想象的内容表述出来时，语言材料起着重要作用，因此，要男孩扩大语言文字的积累。比如，让他们备一个摘抄本，把阅读中遇到的名句、名段摘抄下来，平时可拿来翻阅。

4. 多在实践中获得知识

俗话说"读万卷书，行万里路"，让男孩多接触社会、接触大自然，开阔眼界和心胸，在玩耍中增长见识。再者，学一门乐器或学学绘画，这些都是培养创造力的好办法。积极参加课外兴趣小组活动，每一种兴趣小组活动都有大量的形象化的事物进入自己的脑海中，且需要进行创造性想象才能完成活动任务，这对提高想象力十分有益。

建议二：和男孩一起玩创造性游戏

游戏是帮助开发大脑潜能的最好的金钥匙的观点日渐得到越来越多人的认同和关注，因此游戏也被人称为是孩子最好的老师。伟大的教育家老卡尔·威特就很重视游戏对孩子的影响，他认为游戏在孩子的心目中占有重要地位，只要游戏有浓厚的趣味，孩子就会乐此不疲，全力以赴。游戏会激发孩子的创造性。

老威特在对待儿子卡尔的游戏上，尽量做得浅显易懂，选择那些卡尔可以理解的，或者见得到的东西或事物，老威特尽量让游戏具体、直观、形象，还让他做些小实验，亲自去发现一些东西。

当卡尔三四岁的时候，老威特主要采用具体形象、实物跟动作相联系的方法。等他长到四五岁时，难度增大了一点，内容加深了一些，但都是他经过努力可以完成的。老威特从来不用少见或怪异的问题去为难他。

卡尔根据自己有限的知识和生活经历，选择自己喜欢的主题和内容，选用自己喜欢的东西和材料。他虽然是以模仿为基础，但可以充分发挥自己无拘无束的想象力，创造性地构建自己的生活。

卡尔小时候很喜欢的一种游戏就是搭房子。在游戏之中，他逐渐对前后、左右、上下、中间、旁边等空间有了认识，逐渐形成了高矮、长短、厚薄、轻重、大小等观念。在这种过程中，他学会了有计划、有步骤地进行设计，充分地激发了他的创造性，这样的游戏让卡尔既有了成就感，也增添了无穷的乐趣。

在搭房子的过程中，卡尔必须手脑并用，肌肉得到了锻炼，手眼得到了训练，他的动手能力大大增强，手巧而心灵，潜力得到充分的发挥。由于在着手之前，脑子里面先要有个形象，于是在这种游戏之中孩子也发展了他的形象思维能力。

每当卡尔玩这种搭房子的游戏时，老威特都要给他很多的帮助。老威特时常引导他对搭建的对象充分地加以想象，告诉他想象得越具体越好。有时老威特利用现有的模型、图画去加深他头脑中的形象。这不仅有利于游戏的顺利进行，更主要的是开发了他的形象思维能力和创造性。

爱因斯坦的大脑里是不是住着"天才"呢？为了弄清这个问题，在他去世之后，许多科学家对他的大脑进行了漫长而细致的研究，结果并没有发现他的大脑和天才存在有着必然的联系。因此，爱因斯坦所取得的伟大成就，也许主要在于他的勤奋以及独立思考的能力和创造力。

那么在日常生活中，父母应该怎样培养孩子的创造力呢？可以跟男孩一起走进名人思维游戏，在众多的名人创新思维游戏中，将其创造力进行挖掘。

以下面的创新思维名题为例，父母可以把男孩带入一个游戏的环境中，让其快乐成长。每个题的答案附在后面。

1. 毕再遇巧撤金兵

一次，南宋将领毕再遇在和金兵作战时，因寡不敌众，决定撤退。

以往作战，毕再遇习惯命士兵在军营里击鼓，一来鼓声可以威吓敌人，二来也可以给自己的部队壮胆。但是当时若因撤退而不击鼓，敌军听不到鼓声可能会乘胜追击致使毕再遇的部队全军覆没，怎么办呢？究竟怎样做才能确保在撤退时和撤退后鼓声仍继续响起呢？毕再遇苦苦思索着。忽然，他听到了几声羊叫，于是灵机一动，想出了一个巧妙的办法安全撤军，并确保鼓声继续。

你知道他是如何巧妙地利用羊的吗？

2. 纪晓岚智服莽汉

纪晓岚小时候就聪颖过人。有一天，他对一个目空一切、头脑简单的莽汉说："你虽厉害，但我取一本书放在地上，你也未必能跨得过去。"莽汉听了大怒，一定要试试看。纪晓岚取出书放好后，那莽汉果然没有跨过去。这是怎么回事呢？

3. 亚历山大解"结"

亚历山大率领军队进入亚洲的一座城市时，听说城中有一个复杂的结，谁打开它，谁就会成为亚细亚王。

亚历山大对这个传言非常感兴趣，就请人带他去看那个难解的结，并试图解开它。但是他解了很久，都无法找到结的两头。无奈之下，他想到了一个办法，终于把这个结打开了。

你知道他用的是什么办法吗？

4. 华罗庚巧称西瓜

一天，有人运来一卡车的大西瓜在华罗庚所在的科学研究中心前面的空地上出售。不巧的是，那商贩带来的一台小台秤上除了底砣和一个1千克的秤砣还在外，其余的全丢了。这台秤最多能称2千克，而运来的大西瓜最小的也有3千克，怎么办呢？

有人提议将西瓜切开称，华罗庚却不同意这个建议，他只用了几分钟的时间，就解决了这个小问题。请问，华罗庚用的是什么办法呢？

5. 陆游倒美酒

陆游到四川后居住在梓州。梓州是个山清水秀的好地方，文人们常常在这里饮酒作乐，以诗会友。一天，有一位朋友带了一坛美酒来拜访他，陆游非常高兴，准备和好友痛饮一番。可是来访的朋友说："如果你不取出酒坛子上的软木塞，不打破酒坛，也不在酒坛上钻孔就能倒出美酒，今天这一坛酒就由你痛饮；如果不能的话，那对不起，这坛酒我就抱回去了。"

陆游听后便想出了打开酒坛的办法。你知道陆游是怎么做的吗？

6. 郑板桥解诗

有一位姓蔡的县官和郑板桥是好朋友，他们受了郑板桥的影响，很同情老百姓的疾苦，他俩经常在一起到民间了解民情。有一年春节，他们一起到大街上去散步，忽然，他们看到一户人家的门上有一副奇怪的对联。

只见那对联的上联是"二三四五"，下联是"六七八九"。蔡县官正感到纳闷，转身一看，郑板桥不见了。等了好一会儿，只见郑板桥扛了一袋大米、几包衣服，急匆匆地赶来。他们敲开了门，看到屋里有一个穷书生，郑板桥把东西送给了这个书生，蔡县官问郑板桥："是谁告诉你他需要衣服和粮食的呢？"郑板桥得意地说："是对联呀!"

想想看这是为什么?

附：答案

(1) 毕再遇命士兵捉来许多羊，把羊倒悬起来，让羊的前蹄抵在鼓面上，羊被悬得难受，使劲挣扎，就把战鼓"敲"响了。

(2) 纪晓岚将书放到墙角处。

(3) "快刀斩乱麻"。他拔出宝剑，一剑就把那个结砍成两半。

(4) 华罗庚用手帕分别包上砂石，再将已有的砣放在台秤上，分别称出它们的重量，使它们分别是 1 千克、1.5 千克、2 千克等。称西瓜时，分别将它们挂在底砣上使用，就可以起砣的作用，用来准确称量了。

(5) 将软木塞压入坛内，可以轻松地倒出美酒。

(6) 上联缺"一"，下联少"十"，就是谐音"缺衣少食"，所以郑板桥送来了"及时雨"。

细节 74　好妈妈会放大男孩身上的闪光点

　　如何发现男孩的天赋是每个家长都关心的问题。科学家认为，事实上，每个男孩都有自己的特长、天赋，关键在于是否表露出来。家长们平时可以从以下几个方面细心观察孩子——孩子是否善于背诵较长的诗句篇章？当你第二次给孩子讲述同一个故事时，如果不小心说错某一个地方，孩子是否能立刻察觉？当你带孩子走街串巷时，孩子是否能指出曾经到过的地方？

　　如果一些类似问题你都答"是"，说明你的孩子记忆力相当不错，在语言方面应该有一定天赋。你还可以注意一下，男孩是否一听到音乐就会跟着翩翩起舞或小声哼唱？男孩的日常举止动作是否优美协调？男孩是否能很快学会骑自行车、滑板车之类？显然，答"是"的家长可以相信，男孩有一定的音乐天分，平衡能力也相当不错，舞蹈、武术也许是发挥他的长处的地方。当男孩在玩玩具时，你是否发现他会自动按颜色或大小分类？当男孩开始涂鸦时，你是否观察到他对色彩有鲜明的喜好，喜欢用鲜艳的色彩涂色？甚至异想天开都不要紧，因为这些都说明他很可能在绘画方面会有所发展……其实只要注意观察，家长们都能发现男孩在某一方面的优势，世界上从来就没有一无是处的男孩，上帝在关上一扇门的同时，也会为我们打开另一扇窗户。有一句老话叫作："世界不是缺少美，而是缺少发现。"我们同样可以说，男孩不是缺少天赋，缺少的只是发现的眼睛。

不过，比发现孩子天赋更重要的，是挖掘和引导。常见一些家长牵强附会，自以为是，任意夸大孩子的特点，并沾沾自喜。其实《伤仲永》的故事大家都耳熟能详了，发现孩子的天赋并不难，难的是将天赋变成实实在在的能力。这里面，有几个要点值得重视。

首先，要抓住培养孩子的最佳年龄。科学家研究发现，孩子在各方面的发展都有一个最佳期，抓住了最佳期，就等于把握了良好的开端。

一般来说，3 岁是训练外语口语的最佳期，4～5 岁时训练书面语言最佳，5 岁则是掌握数字概念的最佳期，而 3～5 岁对于具有音乐才能的孩子来说，是音乐入门的好时机。重视最佳期，及时给予正确引导，往往能起到事半功倍的效果。

其次，家长应端正心态，挖掘孩子天赋最忌拔苗助长。一定要从孩子实际出发，根据孩子的年龄和心理特点提出切实可行的计划，并加以实施，循序渐进，持之以恒。

再次，培养男孩应该是全方位的，这其中，非智力因素即现在常说的情商，也是促进天赋朝能力转化不可忽视的环节。有些家长一味重视开发男孩的智力，却忽视了非智力因素的培养。其实，非智力因素包括性格、情感、意志、品德等，对孩子的智力开发同样起着重要的作用。一个健全的孩子首先应该拥有健康的人格，其次才能谈到"天才"二字。显然，如果一个钢琴天才有着畸形的心理，同样是不可取的。

建议一：经常给男孩积极的暗示能够激发他身上的潜能

心理暗示具有强大的力量，这并非夸夸其谈，而是千真万确的。

曾有一位电气工人，他在工作中碰到一根不带电的电线，但他以为是通电的，在这种自我暗示下，立即倒地身亡，身上呈现出一切触电致死的症状。

曾有一位工人，不慎将自己反锁在冰库中，平时冰库中的温度是零下10℃，身为工作人员的他熟知这一点。但他只能在这里过一夜，直到第二天上班时间别的工人将冰库打开。他感到越来越冷，最后终于不抵严寒，被冻死了。第二天，当别人打开冰库时，发现他浑身发青，眼睛圆睁，具有明显的冻死症状，可大家不解的是：昨晚冰库并未冷冻，内部温度足有20℃，可他是怎么冻死的呢？

像那个电气工人是被自己电死的一样，冰库中的也是被自己冻死的。这说明心理的暗示作用能够强烈地影响人体的生理机能。同样的道理，积极的暗示能够激发出孩子的潜能。

鲁西南深处有一个小村子叫姜村，这个小村子因为这些年几乎每一年都有几个人考上大学、硕士甚至博士而闻名遐迩。方圆几十里以内的人们没有不知道姜村的，人们会说，就是那个出大学生的村子。久而久之，人们不叫姜村了，大学村成了姜村的新村名。

姜村只有一所小学校，每一个年级一个班。以前，一个班只有十几个孩子。现在不同了，方圆十几个村，只要在村里有亲戚的，都千方百计把孩子送到这里来，人们说，把孩子送到姜村，就等于把孩子送进大学了。

在惊叹姜村奇迹的同时，人们也都在问，都在思索：是姜村的水土好吗？是姜村的父母掌握了教孩子的秘诀吗？还是别的什么？

假如你去问姜村的人，他们不会告诉你什么，因为他们对于秘密似乎也一无所知。

在二十多年前，姜村小学调来了一个五十多岁的老教师，听人说这个教师是一位大学教授，不知什么原因被分派到了这个偏远的小村子。这个老师教了不长时间以后，就有一个传说在村里流传。这个老师能掐会算，他能预测孩子的前程。原因是，有的孩子回家说，老师说了，我将来能成数学家；有的孩子说，老师说我将来能成作家；有的孩子说，老师说，将来我能成音乐家；有的说，老师说我将来能成钱学森那样的人，等等。

不久，家长们又发现，他们的孩子与以前不大一样了，他们变得懂事而好学，好像他们真的是数学家、作家、音乐家的材料了。老师说会成为数学家的孩子，对数学的学习更加刻苦，老师说会成为作家的孩子，语文成绩更加出类拔萃。孩子们不再贪玩，不用像以前那样严加管教，孩子也都变得十分自觉。

家长们很纳闷，也将信将疑，莫非孩子真的是大材料，被老师破了天机？

就这样过去了几年，奇迹发生了。这些孩子到了参加高考的时候，大部分都以优异的成绩考上了大学。

现在看来，也许大家都能看破"天机"了。正是老师给了学生积极的暗示，使他们在数学、语文等特定方面刻苦努力，发掘出了孩子的潜能，将他们在那些方面的优势充分发挥出来。

如果你的孩子对自己说："我很自信，对未来充满信心。"那么在说此话时，他的脑海里一定会浮现出自己愿意成为自信者的那么一幅清晰的图画。如果他通过适当的行为、具体的行动不断督促自己加强心目中这一形象图画的话，那么最终这幅图画会变成活生生的现实，会创造一个积极进取、乐观向上的男孩。

如果男孩持之以恒地向自己"灌输"某些积极的形象和建议，那么他们就逐渐成为他的行为、经历，以及性格特点不可分割的部分。

建议二：不要过多地夸赞男孩

过分地夸奖或炫耀孩子的长处，时间久了，易使孩子产生或比谁都强的心理，不允许或不能接受别人超过自己的事实。妈妈在夸奖孩子时一定要实事求是，不要夸大其词，并在表扬孩子时给他指出不足之处。

一位母亲忧虑地对老师说："我们并没有给孩子什么压力，也很少责备他，更不会疾言厉色。我们奉行以奖励代替责备，为什么孩子会越来越忧虑呢？"

老师单独和这位念中学一年级的孩子交谈，发现他担忧自己不能名列前茅，所以很用功。他经常失眠，觉得压力很大，甚至想休学。

"我很怕考不好，所以每天读到深夜。"孩子说。

"你觉得学习有困难吗？所学的功课你不会吗？"老师问。

"不是，是怕考不好。如果落到三名以外，我会觉得很没有面子。我就是怕输掉！"

"你父母亲要求你考前三名吗？"

"没有。是我自己粗心考不好，我就是很在意成绩。"孩子哭了起来，"我怕失败，那很没面子。"

"对谁来说，你会觉得没有面子？"

"我怕对不起爸爸妈妈！怕得不到他们的欢心。"孩子泣不成声。

这位名列前茅的孩子，长期生活在父母和亲人的夸奖之中。由于一直保持好名次，他未曾尝过父母没有夸奖的滋味。他怕失去夸奖，并把这个惧怕当成了一种严重的威胁。

过度的夸奖，给孩子带来了心理负担，慢慢地会加重孩子的心理压力，使孩子变得焦虑，遇到困难容易退却，缺乏信心。现在，仔细回想一下看你是否也常会有以下这些情形？

孩子有一点小成就时，你常常将夸奖挂在嘴边吗？

动不动就会表扬、夸奖孩子？

你会回避问题，而转为夸奖吗？

下面，我们来看一看德国教育家卡尔·威特的教子方法：

一天，卡尔·威特带着他的儿子到一个朋友家参加聚会，而此时，他的儿子已经因为他的超常智力被广为传诵。一位擅长数学的客人抱着怀疑的态度想考考小威特。卡尔·威特答应了，但他要求那位客人不管小威特答得怎样，都不可以过分地表扬自己的儿子。

这位客人一连给小威特出了三道数学题，但小威特的聪明越来越使他感到惊异。而且每一个题小威特都能用两种以上不同的方法去完成。此时，客人已不由自主地开始赞扬小威特了，老威特赶紧转移话题，这样客人才想起了两人的约定。

但客人出的题越来越难，并最终走到他也难以驾驭的程度。客人非常兴奋，又拿出更难的题来"难为"小威特："你再考虑考虑这道题，这道题是一位著名数学家考虑了3天才好不容易做出来的。我不敢保证你能做出来。"

可是，没过半小时，就听小威特喊道："做出来了。"

"不可能。"客人说着就走了过去。

但事实不得不让客人赞不绝口地说："真是天才，那么你已胜过大数学家了！"老威特连忙接过话说："您过奖了，由于这半年儿子在学校里听数学课，所以对数学很有心得。"

客人这才领会到老威特的意图，点着头说："是的，是的。"

不要认为卡尔·威特对孩子太严苛，事实上他是非常赞同赏识教育的。只不过他认为，表扬不可过多过高，不能让孩子情绪过热，过多的赞美会让孩子产生错觉，要么认为自己比任何人都要出色，要么就逐渐形成压力，为了夸奖而去做。

卡尔·威特给父母们的忠告是：我们不能让孩子在受责备的环境中成长，但是也不能让他们整天泡在赞美里。

过多过分的夸奖，会带给孩子不必要的困扰。夸奖具有启发性和鼓励作用，但夸奖过多，会带给孩子压力，形成焦虑。所以夸奖要适可而止，而应用欣赏、交谈、聆听等方式代替过多的夸奖。对孩子的赞美要就事论事，不可过分夸大其辞。赞美优点的同时也要适当泼点冷水，提醒孩子改正缺点。

细节 75　妈妈多关注男孩个性的正反面

　　一提起顽皮的男孩，父母和老师都头疼。因为许多父母承袭旧有的观点，认为"听话的孩子"才是理想中的孩子。事实上，爱做恶作剧的孩子，隐藏着无穷的创造欲望，所以，他们总爱做出人意料的事。当然，他们绝不是父母师长眼中的"听话的孩子"。许多名人小时候并不是老师和父母眼中的优等生，相反，甚至是让老师和家长头疼的劣等生。

　　以喊出"不自由，毋宁死"而闻名的帕特里克·亨利，少年时期是个大懒虫，只喜欢钓鱼、打猎。他衣帽不整，举止笨拙，厌恶学习，贪玩成性，因而学习成绩很差，是一个令师长无可奈何的劣等生。

　　文豪约翰逊在学校时期是有名的懒汉，他自己曾经写道："幸亏先生常常严厉地鞭策我，否则，我可能会一事无成的。"

　　医学家约翰·亨特也是学校有名的懒人。据说，他上了几年学，什么也没学会，17岁时还不大会读写。

　　诗人海涅，生在法国，长在法国，他在学校里是一个尽人皆知的劣等生。他讨厌课程，反对服从，正如他自己所叙述的那样，上法语诗课时，常被弄得晕头转向，其他课程更加糟糕。虽然他后来能写出那样好的诗，但在孩子时期却弄不懂诗的韵律，教师常常痛骂说："你是个从德国山沟里出来的野蛮人，对于诗一窍不通。"

其实，即使是所谓问题较多的男孩，也有他们的"闪光点"。有些男孩由于家庭缺少爱，或由于学习上屡屡失败，使他们丧失了自信，表现为萎靡不振，或者顽劣不堪。对待这样的孩子，一般的鼓励、信任多半已不能奏效，批评表扬都难以刺激他们的上进心，有的家长与老师就对他们失去了信心。

这些男孩是否真的不可救药了呢？依照教育心理学来加以仔细观察，就可以发现，"顽劣"的学生，实际上在他们心底仍然蕴藏着自我肯定的需求，自卑感并不是自甘沉沦。恰恰是因为希望成功，希望被重视、被信任的心理过于迫切，而又害怕失败，为免于出丑，才故意懒散，不努力，来为自己找借口与"理由"。

至于另外一些喜欢捣乱的孩子，则是因为自尊得不到实现时，儿童心理支配下的一种反抗行为，也是对老师家长"看不上"自己或"不看重"自己的一种抗议。所以这样的孩子，你管得愈严厉，他们愈不吃你那一套。

改变他们的唯一办法是在他们身上找出"闪光点"，诱发他们内心深处希望得到大人，得到集体尊重的渴望，变为追求进步的动力。家长、老师要满腔热情地设法为他们创造适当的环境，给他们提供显示自己"闪光点"的机会，让他们切切实实地品尝到受信任、受尊重的喜悦。

父母可以就他们所发生的问题，与他们一起讨论，在交谈与讲解中加以引导，关心与指导他们少做或不做错事。一旦他们做了不对的事，也要耐心帮助他们去认识，为什么这么做不对，从中接受什么经验与教训，以后应当怎么做才对。

实际上，家长或老师认为"听话"的男孩，也并不是没有问题，也不是就不想淘气，而是由于外界的压力、想做"好孩子"的渴求，使他们不敢或较少提出问题，不去按儿童年龄特征自然地行事，常常压抑着自己，这对他们身心的健康发展不利。一项调查表明，"听话"孩子中 38.8％不爱提问，34.3％自述胆小，27.5％对创造发明不感兴趣。

他们在"好孩子""好学生""真听话"的赞许下觉得有压力，不敢暴露自己内心的想法，因而也就得不到必要的指导。久而久之，形成一种刻板型的内向性格。这样的孩子容易拘泥于琐碎小事，不善着眼大局考虑问题。他们大都视野狭窄，思维方式机械单调；在低年级时学习成绩尚可，升入高年级后，成绩逐渐下降，甚至跟不上班；在遇到疑难问题时，弄不好就会产生彷徨、疑惑、不知所措等心理问题。

著名儿童文学家冰心老人，曾经有一句话送给家长与教师们，她说："淘气的男孩是好的，淘气的女孩是巧的。"她奉劝每一位家长，"千万别将淘气作为不听话而严加压制，要知道淘气是孩子的年龄特征。等到不淘气时就不再是孩子了"。

建议一："创造大王"在破坏中成长

生活中的男孩不是他们喜欢破坏，而是好奇心驱使他们去钻研。男孩身上这种驱使他们去求知的好奇心，我们做父母的要倍加呵护，只有保护了他们的好奇心，才能让他们学习到更多的东西。

贝时璋是我国著名细胞生物学及生物物理学的奠基者、教育家、科学活动家、中国科学院生物物理研究所名誉所长、中国科学院资深院士。他之所以能取得如此令人瞩目的成就，就是因为他一直都在为自己感兴趣的事业而努力奋斗，就是因为他永远都对未知的领域感到好奇。

贝时璋出生在农村，人很老实，很少出门，但是他对周围的事物充满了好奇心。他3岁时，被爸爸带到祠堂里去祭拜祖宗。祠堂门口石狮子嘴里的圆球引起了他强烈的好奇心：这圆球既能滚动，又不掉出来，这是怎么回事呢？他开始用好奇的眼光看待周围的一切，经常琢磨着这些"奇异的事情"。

后来，他爸爸带着他到上海。一路上，贝时璋看到了以前从未看过的"新奇"。他看见了拉纤人，看见了船老大把橹摇得飞快，看到了乡下从未有过的轮船，还有船舱里的灯居然没有灯油……贝时璋百思不得其解，一连串的"为什么"使得他对这些东西更加好奇。

到了上海后，贝时璋对看到的一些事情更感"稀奇古怪"了：上海的黄包车是人在前面拉，而家乡的独木车却是人在后面推；上海商店橱窗里有自己会转动的"洋模特"，家乡的那些玩具既简陋又不会自己转动；上海的灯按一下"扳头"就会亮，而家乡的灯不仅要加煤油，还要用火点着才能亮……

短短的上海之行，使得贝时璋大开眼界，同时，也引发了贝时璋心中无限的遐想，勾起了他琢磨这些奇异现象的冲动。

贝时璋上学后，变得更加有好奇心起来，他非常勤奋地学习各种新鲜有趣的知识，把看到和想到的，统统记下来，然后利用学到的知识解释自己以前感兴趣、但又没有搞清楚的问题。虽然，当时主要学习的是传统的文史知识，古诗词比较多，但是，好奇的贝时璋仍然能够从中找到学习的乐趣。

凭着好奇心和求知欲，他不仅学到了不少天文、物理、化学、数学、动植物学方面的知识，还对蛋白质的生命意义有了初步的认识，开启了他研究生物的大门，为以后取得辉煌的成就奠定了良好的基础。

好奇是创造的基础和动力。只要有强烈的好奇心，持之以恒地钻研下去，任何一个普通人都有创造发明的机会。

心理研究表明，当一个人对某些事物产生好奇时，他就会充满兴趣地去研究。他就会变得愉快，精神放松，使大脑高度兴奋。他的创造性就会得到高度发挥。做父母的要知道，在孩子不感兴趣的领域里，要取得优异的成绩是很难的。是否具有强烈的好奇心和浓厚的兴趣，将在很大程度上决定着男孩参与未来社会竞争的成败。

在男孩的现实生活中，许多孩子一直是被动地接受知识，一直缺乏积极主动探索世界的好奇心，再加上父母对他们的好奇心的管制和干预，使得他们很多人都技能单一、反应迟钝，遇到了能力范围之外的事情就手足无措。

所以，从现在开始，父母一定要保护好男孩的好奇心，好奇心促使男孩不断创造，不断进步。

建议二：男孩不合群，那就培养他的独立能力

幼儿园的孩子大多行动一致，少数一两个与众不同的孩子都是别人唱歌他画画，别人画画他说话，令老师、父母大伤脑筋，担心这种不合群的男孩将来一定无法适应大人的团体生活，大多数母亲认为脱离团体行动的男孩不是好孩子。

事实上，与其让他埋没在团体行动中，不如培养他在团体生

活中的独立能力。

大多数西方国家都采用"个别能力生长"为教育方针，顾虑到孩子的将来多不采用团体生活方式，法国、美国的幼儿园，均不让儿童做同样的事，而是让他们选择自己感兴趣的事做。

> 发明家爱迪生的母亲在知道自己的孩子功课不好，不听老师的话，无法与同学相处是众所周知的典型劣等生后，并未放弃对孩子的信任，她认为主要是他的思想体系与一般人相差太大，而非他的能力不如别人。

世上有成就的人，在少年时或多或少都有些怪癖，至少他的思考形态与别人大不相同。从事创造性工作的人，当别人意见与己类似时，绝不积极发言，但等意见相左时，就开始大唱反调。

这些创造工作者所具备的最低条件是独特头脑，而这在他们幼年时期的表现就是具有独特头脑和思维方式并不太合群。不合群的儿童并不是愚笨，相反很可能是具有独特头脑的天才。

这些天才儿童对于异常的、模糊的、从表面上看不相协调的状况及信息毫无拘束感。他会喜爱各种智力练习与难题，甚至会觉得有些很容易。一名天才儿童无疑学习得很快，能在较广泛的意义上运用所学的知识。他显得极为能干，能很快处理信息，不仅迅速而且灵活，在运用信息时总能很好地谋划。正因为他时时处处都超过他人，才显得不太合群，与众不同。

虽然天赋本身对于天才儿童不是什么问题，但会由于其他人对其的反应而成为一个问题。有些父母会误解他们的孩子，有些孩子则会误解他们的父母，所以一名天才儿童会变得喜欢内省。这常使一名天才儿童变得不合群，喜欢独自运用他自己的想象力，并且在创造和运用思想时变得孤立。

不管别人怎么认为，父母无疑比任何其他人更为了解孩子的个性。

　　一名天才儿童通常会对过于容易的课堂练习感到枯燥、恼怒而不知所措，并且仅仅因为普通的课无法令他们兴奋而在课堂上惹麻烦。在这种情况下，很可能有必要让你的孩子跳过一个或多个年级，与在年龄上可能比他大两岁的孩子一起学习。

　　调查者发现，不甚合群的天才儿童在课堂以外的许多方面都比那些缺少天赋的同伴们表现得更好。他们更为健康，对许多东西感兴趣，如在爱好、游戏等方面，他们在今后的生活中更为成功。

　　天才儿童来自于能丰富孩子生活经历的家庭环境并表现出超前而独特的思维能力，这些让其显得卓尔不群，不太与众人合拍，这反而证明了这些不合群孩子的超常天分。

细节 76　父母应学会换个角度看问题

据成长心理学统计：孩子从 3 岁开始就有撒谎的倾向，一直到小学二三年级这种现象更加严重，父母经常会忧虑孩子的谎言。

其实父母大可不必为男孩经常撒谎而担心，因为心理学已证明，会撒谎的男孩比不会说谎的男孩更具高度的创造力，为什么？所谓说谎，即是一种说出假想经历的能力，是一种能把语言和行为分开的能力，与"无中生有"的创造力有密不可分的关系。

撒谎技术巧妙的男孩具有潜在创造性，若因孩子撒谎就责其为坏孩子，实是剥夺了男孩创造性的思考力。

然而在现实生活中，男孩的真正说谎又往往是家长和教师最不能容忍的坏习惯。尤其是上了小学以后的孩子，有意撒谎几乎是个最大的恶习。事实上，世界上几乎不会有从不撒谎的孩子。据国内某心理研究所调查显示，大约有 50％的孩子从 3 岁起就有撒谎的陋习，在 9 岁的孩子中，70％以上的孩子撒过谎。一位美国心理学家的调查统计数据更加令人震惊——在美国 7 岁的孩子中，98％的孩子都承认自己有过撒谎的经历。当然，这些都是指有意撒谎。可见，孩子撒谎的确是一种令家长和教师头疼的顽症。

男孩说谎的原因，许多心理学家都给出了答案，概括起来有如下几种。

第一，说谎有时比说真话更能免受处罚。孩子怕说出真相让父母暴怒，下意识地选择了隐瞒。

第二，出于无奈而撒谎。许多家长可能无法接受，孩子撒谎有时是因为家长逼的。在很多时候，家长应该知道孩子也有沉默的权利。许多成年人在处理一些棘手的两难问题时，经常保持沉默。如果非要逼孩子说出真相，孩子就只能说谎了。可以给孩子一定的缓冲，等大家都心平气和了，再让孩子主动把事情的真相说出来。

第三，为了讨家长欢心而撒谎。著名成长心理学家皮亚杰博士发现，4岁以下的孩子判断自己的言行是否正确的标准，通常是看爸爸妈妈脸上的表情。为了不让爸爸妈妈生气，他们最本能的反应就是不承认自己所做过的错事。

怎样才能纠正男孩有意说谎的坏习惯呢？专家给家长的建议是：

第一，让孩子明白什么是诚实。帮助孩子了解什么是假装的，什么是真实的。告诉他们诚实的意义。

第二，父母应以身作则。父母在孩子面前不但要做到不撒谎，而且也不要提示孩子说谎。许多父母经常用启发孩子说谎的方式了解他们干的错事。

第三，不给孩子狡辩的机会。在你不完全了解情况的时候，不要向孩子了解情况，对孩子做错事和撒谎区别对待。同时，对孩子的惩罚要适度，如果惩罚太严厉，孩子就会选择冒险说谎。

第四，不要因为孩子说谎就断言孩子品德不好。

第五，了解孩子的说谎动机。

第六，与孩子深入沟通。

建议一：男孩问题多表示"我要学"

有些会读书的男孩，领悟力强，读完一篇文章，内容都全部了解，解决问题也很快速；也有些男孩，对文章每一段落都觉得有问题，问题当中又有问题。站在学校立场来说，前者是最受欢迎类型，而到社会上成大事的，却又以后者较多。因相对论而出名的爱因斯坦曾说"发现问题比解决问题更重要。"

所以应鼓励孩子多发问，这才是适当的教育方针。

有一位优秀的数学老师，每节课将所授作业叙述一遍后，即问："有没有问题？如果没有，这堂课就结束了。"

这时一节课尚未上至一半，刚开始上他课的学生顿时不知所措。其实这位老师故意把重点隐藏不说的目的，是诱使自以为了解了的学生深思。一旦学生提出问题，他就会露出比学生能解决问题时还要欢欣的笑颜，赞扬地说："问得好，你是懂数学的。"

学生对寻找问题顿时发生兴趣，从此再无一人讨厌数学。会发现问题的头脑才是真有发展的头脑。

可见男孩在观察事物之后，特别爱提"为什么"，实际是在心目中描绘这个世界、解释这个世界。他们开始提问题了，这说明他们的言语和思维都发展到了一定的程度，否则他们是提不出问题的。

有时孩子提的问题是很怪的。那个砸破水缸救同伴的小司马光曾经向人问道："凭什么知道汉朝有个司马迁？"就是这个司马光后来苦心研读历史，著成了历史巨著《资治通鉴》；波兰天文学家哥白尼也这样问过父母："我看得见月亮，那么月亮能看得见我吗？"哥白尼后来提出地动学说，成为伟大的天文学家。对于男孩提的怪问题，父母和老师也要认真对待，耐心解答，而不要一笑置之不顾，从而扼杀了男孩智慧的火花。

回答男孩提问的方式有三种。一种是要从他们的心理特点和知识水平出发，用鲜明、生动、形象的语言给予解答。让我们看看牛顿的母亲是怎么做的。

有一次，小牛顿问母亲："风车为什么会转？母亲说：那是由于风的力量推动它转。"牛顿接着问："那么风是怎么来的呢？"母亲是这样告诉他的："你看，水不是从高处往低处流吗？空气也如此。有的地方气压高，有的地方气压低，空气只要一流动，就形成风了。"母亲这番生动的解释，使牛顿印象很深，他上小学做的第一件劳作，就是具有独特风格的风车。

回答孩子的另一方式是启发他自己寻求答案，让他们多动动脑筋。

比如坐公共汽车去公园时，看到马路边的树木飞快地往后跑，孩子会不解地问"树为什么会往后跑？"这时，你可以启发他："树能动吗？"孩子说："不会动。"等车到站后，你可以再问："树还往后跑吗？"你的孩一定会说"现在不跑了。"孩子经过启发，会得出这样的结论："因为汽车开得飞快，所以我才会产生'树往后跑'的感觉。"

有时候，光靠父母教师解释、启发还不足以使男孩理解，那么就要靠做个小实验，使孩子从亲身的感受中理解问题。

一个外国心理学家回忆道："记得当我的孩子三岁多时，有一天他来问我：'爸爸，如果我把一根棍子种在土里，会长出一棵树吗？'我的第一个念头就是告诉他：

'不，不会的。'可是我想到了实验，于是我说：'让我们做个实验，种一根棍子试试看。'我们真种了一根棍子，几天以后，孩子下结论说：'我看棍子不会长大了。'然后我们又种了一些其他种子，后来都发了芽。这个对比实验使孩子明白了什么会长、什么不会长。"

总之，孩子在男孩前一段时期，对智力上的启发十分敏感，他们的求知欲较强，如果启发得法，会获得基本的学习技能和知识，对他们以后的进一步发展极为重要。

建议二：妈妈应学会诱导男孩的好奇心

对于一个孩子来说，什么是好奇？好奇就是对自己所不了解的事物的一种新奇感和兴趣感。好奇心能促使人的大脑对刺激物产生兴奋中心，产生一种"欲知其所以然"的愿望，使人的注意力高度集中，而且会锻炼人的进取心。古往今来，没有好奇心的杰出人才几乎是不存在的。对记忆力有专门研究的日本能力开发研究所所长坂本保之价认为，好奇心对记忆力有极大的作用。他认为老年人出现的记忆力减弱现象，与其说是人的生理的原因，不如说是人的心理原因，即人的好奇心的减弱。那些年近古稀而好奇心强烈的人，他们的记忆力明显超过同龄人。

从无数人才成功的例子和他们发自肺腑的经验之谈中，我们可以看到好奇心对人才的成长所起的巨大作用。好奇心通过惊奇、疑问等心理活动，进而激发人们企图寻找这一客观事物的内在联系，诱导人们有选择地、主动地、频繁地接触产生新奇感的客观事物。在对新事物的追求中，好奇心使科学家茶不思、饭不想，孜孜不倦地对特定的事物进行长时间的观察、探索，并在这一活动中得到创造美的享受。

好奇心强的男孩往往会问："白天，星星躲在哪儿去了？晚上，太阳下山后是不是回家睡觉了？"他还会问，"我从哪儿来"，"妈妈的妈妈的妈妈是谁"，等等。

他还经常充当小小的破坏分子。他会用力砸开收音机或电视机，看看那些说话、唱歌、跳舞的小人躲在哪个角落里，他会扔下一大堆玩腻的东西，翻箱倒柜地拨弄父母的书籍与收藏物，看看有无新鲜玩意儿；他会把自己种下的种子天天挖出来，看看它是怎么发芽生长的等。所有这些，皆因男孩对这个世界充满好奇而引起。

柏拉图说：好奇者，知识之门。因为好奇，男孩会去探索丰富多彩的外部世界，去接触事物，这种接触与探索不仅丰富了孩子的童年生活，而且让他获得有关外界事物的状态和性质的知识；因为好奇，一个男孩去玩弄冰雪，知道了冰雪是冷的；因为好奇，他去寻找马路上喇叭声的来源，知道了汽车是什么样的；因为好奇，他常去观察小蝌蚪，知道了小蝌蚪原来是青蛙妈妈的幼儿。所以好奇是孩子获得知识的必要条件，而知识的大量积累则是神童的创造才能得以形成与发展的重要基础之一。法国著名作家法朗士指出：好奇心造就科学家和诗人。我国已故著名桥梁建筑学家茅以升小时候是个非常好奇的幼儿，他常常独自一人坐在院子里，看蚂蚁怎样搬家，看柳树怎样冒出绿芽。他还会久久地思考：月亮为什么有时圆有时缺？太阳为什么总是从东山升起，又落到西山背后？

类似的例子在古今中外的科学家中多得不胜枚举。好奇早早地激起这些科学家童年的强烈求知欲，从小培养了他们的探索精神，这对他们以后终身从事科学研究、发明创造都大有裨益。可以说好奇心是创造的前奏、成功的先导。

父母要懂得激发男孩的好奇心，培养他们善于发现问题和提出问题的能力。家长在孩子的学习、生活和其他活动过程中，要根据孩子的实际有意识地对他"设疑"，引起他对问题的注意和思考。比如：他们都很喜欢看鱼在水中嬉戏，这时，做家长的为了引导孩子思考，就可以对他设问：为什么鱼能在水中游戏而不会淹死？鱼游水时尾巴为什么要左右摆动呢？等等。这样就能激发孩子的好奇心和浓厚的兴趣，从而有效激发他们思考和寻找问题的答案。

家长还可以将男孩的好奇心引向大自然，可以带他观察春天里各种花鸟虫草的变化。比如让他去池塘边观察小蝌蚪，看看他们是怎么变成欢蹦乱跳的青蛙的，可以让男孩养几条蚕宝宝，看看蚕宝宝一生要脱几次皮，每次脱皮后有什么变化，蚕宝宝最后怎样吐丝做茧，也许孩子会由此开始一个未来生物学家的探索；可以带他观察夏夜的星空，让他对横亘的银河、闪烁的星星以及盈亏交替的月亮产生兴趣，也许，未来天文学家会由此诞生；可以让孩子注意昼夜的更替、四季的变化、阴晴雨雪、电闪雷鸣；还可以让他搞些家庭的种植、饲养活动等。总之，可以让神奇的大自然来容纳男孩无穷而强烈的好奇心，培养他勇于探索的精神。

细节 77　发掘男孩的天赋

　　男孩们有着专家们所不能测验到甚至未予赞赏的许多种能力。波士顿大学医学院的神经病学教授霍华德·加德纳认为，人有六种基本天赋，但一般的智商测验都集中在语言和逻辑数学这两种天赋上。其他四种，即音乐、空间想象、身体动觉及了解"人"（自己及其他人）的天赋也值得注意。

　　加德纳关于天赋的描述可以帮助父母了解天赋的特征。加德纳认为，天赋包括：

1. 语言天赋

　　一个有语言天赋的男孩很可能就是个爱讲话的孩子。这些孩子的父母常说："要是他闭嘴就好了!"他可能说着自己的话语或一种颠倒的话语到处玩耍；他也可能容易学会外语的短语和记住电视及书上的一长串单词；有时他还喜欢讲故事，这种有语言天赋的男孩往往在早期就自己学着读书。

2. 音乐天赋

　　有音乐天赋的男孩对各种声音着迷，他喜欢听取暖炉、汽车喇叭、打字机键及洗衣机的声音，他会蹒跚行走去摸钢琴的键并且呆呆地站着听。其后，他会认出别人弹的或用管弦乐奏的他们所熟悉但没有歌词的歌，他能无困难地学唱新歌并且在伴奏下把它唱出来。

3. 逻辑数学天赋

数学和逻辑方面能力强的男孩对范畴和类型着了迷。他爱问：这些积木相同的地方在哪里？不同的地方在哪里？他也善于下棋，喜欢抽象概念并很快学会等量（例如：两天等于 48 小时）。他会构想出仔细安排的、有纪律的幻想世界（《爱丽丝漫游奇境记》的作者路易丝·卡罗尔就是一个数学家）。

4. 空间想象天赋

有这种天赋的孩子是超常的想象者（观察者）。例如他很小就能正确地合乎透视画法地画出一个立体物体，比如牛奶箱子。

5. 身体动觉天赋

这种天赋包括两种基本技能：如何设法使自己的动作优美及如何灵巧地操纵物体。有才艺的运动员和舞蹈家就是有这种天赋的人，许多工程师也是这种人。

如果你的孩子翻筋斗、游泳和空手骑车很容易，他就可能有身体动觉天赋。这些孩子能很好地完成那些需要有灵巧运动神经的任务，例如接球、穿针，使用各种工具，拆卸和改装钟、收音机甚至计算机等。

6. 了解"人"（自己和他人）的天赋

识别一个孩子是否具有了解自己的天赋是困难的。有"了解自己"天赋的孩子在他们年纪大些时就体现出较强的生活自理能力，懂得怎样做计划并最大限度地发挥自己的能力。

了解别人的能力不难发现，有这方面天赋的男孩会注意别人的变化，他会问："为什么今天祖母伤心啦？"如果他看侦探小说或电视，他会很快就把坏人认出来。

每个男孩很难全都具备这六种天赋，因此，最重要的是，正确认识孩子所具有的天赋而不是为孩子所没有的天赋而悲叹。

建议一：尊重孩子，营造平等的交流环境

要教育男孩，首先要尊重男孩，在与男孩交流时要平等，在此基础上才会努力地去理解男孩的想法。这种平等的关系会使男孩愿意同父母交流，并能听得进父母的说教，这是做好子女教育的首要条件。为了做到这些，我们在对男孩的教育上要尽可能地多一些人性化，从子女容易接受的事和有关的问题出发，给他提建议，让他明白哪些该做、哪些不该做。

男孩最初的受人尊重的感觉是从父母那里得到的，尊重别人的意识也是在日常生活中经过多次的训练、教育和不断地强化而逐渐建立起来的。而且只有那些能够得到父母的尊重与爱的男孩，才会懂得如何去尊重别人、爱别人。所以，家长请不要忽视男孩的"平等观"，爱他就要让他知道你很尊重他。应放下长辈的架子，蹲下身来与男孩交谈，而不要总给男孩"高高在上"的压迫感。

可是，我们常常可以看到父母站在那里用"过来！别摸！"

"去！去！去！别烦我"等居高临下、命令式的语言语调大声呵斥男孩。很多家长之所以与男孩交流的效果不好，正是因为家长与男孩交谈时，往往以长者自居，对男孩缺乏应有的尊重。大多数父母总喜欢把男孩当作小"豆包"，没有在情感上给他们公平的待遇。殊不知，男孩早已有了自己的思维与尊严，他们渴望与大人平起平坐，渴望大人把他们当作平等的个体来看待。

如果父母从不考虑男孩的感受，男孩就会感到在家里没有话语权，无处发泄心中不满。久而久之，男孩就会成为窝窝囊囊、沉默寡言的"闷葫芦"。家长可以通过家庭会议的方式解决这一问题。

家庭会议能让男孩找到一个说话的窗口，在这里，男孩可以被倾听，可以参与到交流甚至是解决问题的环节中，而这一切都是在平等民主的氛围下进行的，无形中对男孩是一个良好的熏陶，男孩的民主意识加强，也有助于男孩走向独立。

家庭会议是男孩成长的一个小渠道，他可通过家庭会议上讨论的问题而逐渐熟悉家庭结构。男孩渐渐地了解在一个完整的家庭里，需要考虑到：家务、财务预算、日程安排和生活方式。而这些，为男孩离开父母自立门户，以后更好地适应社会打下了坚实的基础。这种方式可以锻炼男孩的语言表达能力和判断能力，在会议上的讨论无形中也扩大了男孩的眼界。

男孩的想法得到了表达，情绪也得到了宣泄，同时家长走进了男孩的心灵，男孩心理更加健康，家庭也会更加和谐稳定。

那么，召开家庭会议时应该注意些什么呢？为了保证家庭会议能够长久有效地举行，又要遵循哪些原则呢？有以下几点，家长可以参考。

1. 长辈负责主持会议，制定规定，并要求全体人员互相监督和执行。

2. 除非有特殊情况，否则每位成员不得缺席。

3. 不管是反对还是赞同，每个成员都有表达自己意见的权利。

4. 做到耐心倾听不打岔，不得在会议中大喊大叫，影响会议进行。

5. 不能使用侮辱性或贬损的语言，每位成员之间应做到互相尊重。

6. 将分散注意力的东西减到最少。关掉电视、电话和收音机等。

7. 家庭会议中提出来讨论的问题，每位家庭成员都能提供解决的办法（最后尽量选择大家都赞同的方法）。

8. 由家中的成人做最后决定。

家庭会议只是沟通方式中的一种。家长也可以尝试用其他方式与男孩建立平等的关系，增进与孩子的交流。

如果发现你的男孩总是不愿与你交流，就该反省一下自己了。花点心思，营造一个平等的、男孩乐于接受的沟通方式，将使你和孩子的感情更为深厚，对孩子的语言能力、思维能力也是一种极好的发掘和锻炼。

建议二：肯定孩子，进行有效表扬

抓住男孩的长处，加以肯定与表扬，才能把真正的自信植入男孩心灵的深处。

鼓励可以说是每一个人的自然需求，谁能总是受批评、指责、埋怨而仍然喜气洋洋、斗志昂扬呢？男孩幼小稚嫩的心灵更需要鼓励，鼓励能使人情绪高涨，从而调动起内在的潜力，使学习效率倍增。

表扬是一门艺术，过多的表扬会影响男孩的行为动机，使他为了表扬采取主动行动。

第一，表扬要具体。表扬得越具体，男孩越容易明白哪些是好的行为，越容易找准努力的方向。一些泛泛的表扬，如"你真聪明""你真棒"虽然暂时能提高孩子的自信心，但男孩不明白自己好在哪里，为什么受表扬，且容易养成骄傲、听不得半点批评的坏习惯。

第二，表扬要及时。对应表扬的行为，父母要及时表扬。否则，孩子会弄不清楚为什么受到了表扬，因而对这个表扬不会有什么印象，更说不上强化好的行为了。因为在孩子的心目中，事情的因果关系是紧密联系在一起的，年龄越小，越是如此。

第三，表扬要有针对性。有些父母和教师常对男孩许愿："你做了这件事我就表扬你。""你考试达到 90 分我就奖励你。"这容易使孩子为得到表扬奖励才做某件事，哪怕这件事是他应该做的，没有表扬奖励他就不做，这将有悖于培养孩子良好的道德行为。

第四，表扬要注意个性。对性格内向、个性懦弱、能力较差的男孩就要多肯定他们的成绩，增强他们的自信心。反之，对虚荣心强、态度傲慢的男孩则要有节制地运用表扬，否则将会助长他们的不良性格，影响他们的进步。

第五，表扬要适度。过分的表扬易使男孩骄傲自满，过少的表扬也不利于儿童身心健康发展。儿童的成长需要父母的鼓励和爱抚。

有一个小男孩不管有没有病都向妈妈要药吃，原来这位妈妈平时不经常表扬孩子，只有当孩子有病吃药时才说上一句"能干"，致使孩子认为自己什么都做不好，只有吃了药才算能干，所以他经常以吃药来换取表扬，求得心理上的满足。这不能不说是这位妈妈在教育孩子中的一个失误。

第六，表扬不仅要看结果，还要看见过程。男孩常"好心"办

"坏事"，例如，孩子想"自己的事自己干"，吃完饭后，自己刷碗，不小心把碗打破了。这时父母不分青红皂白一顿批评，男孩也许就不敢尝试自己做事了。如果父母冷静下来说："你想自己做事很好，但厨房路滑，要小心！"孩子的心情就放松了，不仅喜欢自己的事自己做，还会非常乐意帮你去干其他家务。因此只要男孩是"好心"就要表扬，再帮他分析造成"坏事"的原因，告诉他如何改进，这样会收到较好的效果。表扬最好在良好行为之后进行，而不是事先许诺，从而增强儿童做出良好行为的自觉性。

第七，表扬的方式。只有适合男孩的表扬方式才能收到最好的效果。表扬、鼓励的方式有很多，如：购买图书、玩具、衣服、糖果、饮料等物质奖励；点头、微笑、搂抱、竖大拇指等动作，表情奖励，恰如其分的语言表扬，等等，都能带来良好的收效。

第十三章　乐群、合群

——男孩最应具备的成功能力

细节78　教男孩如何与人沟通

要想增强男孩与人沟通的能力，可以让孩子先关注别人的眼睛。

我们常说，眼睛是心灵的窗户。的确是这样，眼睛同人们的思想感情有很大关系。当一个人对某个人或某样东西发生兴趣时，他的眼睛肯定会有一系列的复杂活动，如视线转移、瞳孔变化，等等。这一系列复杂的活动，一般说来都能准确地反映出这个人当时的心情。老练的便衣警察能在人流如潮的商店中，准确地看出谁是扒手，谁是流氓，凭的就是对眼睛的观察。一般顾客的眼睛，往往只注意商品，而小偷或流氓的眼睛，却总在顾客的口袋或女人的身上巡视。

家长可以帮助男孩了解日常交流中的几种目光注视：

1. 公务注视，一般用于洽谈、磋商等场合，注视的位置在对方的双眼与额头之间的三角区域内。

2. 社交注视，一般在社交场合，如舞会、酒会上使用。位置在对方的双眼与嘴唇之间的三角区域内。

3. 亲密注视，一般在亲人之间、恋人之间、家庭成员等亲近人员之间使用，注视的位置在对方的双眼和胸部之间。

要让孩子知道，如果对对方的讲话感兴趣，就要用柔和友善的目光正视对方的眼区，内心充溢着爱慕、友善和敬意。

爱默生如此形容过我们的双眸："眼睛如同我们的舌头一样能

表达，只是它的优势不需要任何词典，就能被全世界理解。"为什么有那么多的人注意他人的眼神，就是因为它是"心灵的窗户"，我们可以通过它窥见他人的内心世界。通过"阅读"他人的眼睛，能帮助男孩看透对方的真实内心与实际想法，这是男孩交际中不可或缺的能力与技巧。

建议一：培养男孩站在对方的角度看问题

男孩或多或少都会发生一些沟通的问题，无论跟父母，还是跟同学、朋友。如果你的孩子出现这类问题，要帮助他尝试站在对方的角度上看问题。

沟通大师吉拉德说："当你认为别人的感受和你自己的一样重要时，才会出现融洽的气氛。"我们需要让男孩多从他人的角度考虑问题。如果他只强调自己的感受，别人就会和他产生对抗。如果对方觉得自己受到重视和赞赏，就会报以合作的态度。

在美国的一次经济大萧条中，90％的中小企业都倒闭了，一个名叫克林顿的人开的齿轮厂的生意也一落千丈。克林顿为人宽厚善良，慷慨大方，交了许多朋友，并与客户保持着良好的关系。在这举步维艰的时刻，克林顿想要找那些朋友、老客户出出主意、帮帮忙，于是就写了很多信。可是，等信写好后他才发现：自己连买邮票的钱都没有了！

这同时也提醒了克林顿：自己没钱买邮票，别人的日子也好不到哪里去，怎么会舍得花钱买邮票给自己回信呢？可如果没有回信，谁又能帮助自己呢？

于是，克林顿把家里能卖的东西都卖了，用一部分钱买了一大堆邮票，开始向外寄信，还在每封信里附上 2 美元，作为回信的邮票钱，希望大家给予指导。他的朋友和客户收到信后，都大吃一惊，因为 2 美元远远超过了一张邮票的价钱。每个人都被感动了，他们回想起了克林顿平日的种种好处和善举。

不久，克林顿就收到了订单，还有朋友来信说想要给他投资，一起做点什么。克林顿的生意很快有了起色。在这次经济大萧条中，他是为数不多站住脚而且有所成的企业家。

事实证明，只要我们多考虑别人的感受，多从别人的角度看问题，即便是很尖锐的矛盾也能缓和。因此，如果男孩想得到别人的配合，最好真诚地从他人的角度来考虑。卡耐基有一句避免争执的神奇话语："我不认为你有什么不对，如果换了我肯定也会这样想。"这句话能使最顽固的人改变态度，而且我们说这句话时并不是言不由衷，因为人类的欲望和需求是大致相同的，如果真的换成你，你也会有他那样的想法和感觉，尽管你也许不会像他那样去做。

假如男孩期望别人去完成一件事，不妨让他以对方的观点来想一想，问问自己："他这样做的用意何在呢？"虽然那是很耗时很麻烦的，但那样做将会减少很多摩擦和不愉快，从而获得更多的友谊。能处处为人设想，并以对方的观点去对待事情，这将会影响他往后的社会交往及事业成就。

社会学家说，凡有人群，就有矛盾，人生活在社会中，人际交往是必不可少的。而人际交往又是人与人之间的心理交往，是人与人之间的心理沟通和交流。由于每个人的社会属性及社会地位、经历差别，由于不同人存在着不同的个性、文化、修为、信仰、隐秘以及有着不同的目标任务，导致了人在交往接触相处中，会出现生活和工作中的不相和谐，发生分歧，产生矛盾，出现误会。

这时你会怎样面对？你不妨将自己和对方换位一下，站在对方的角度去看问题，应以豁达大度的态度置换一下心理角色，掉换一下立场，逆向地进行思考。如果男孩能及时地调整好心态，也许就会找到更为确切的方法化解矛盾，消除分歧，避免误会。这比暴跳如雷、大动干戈更容易迅速取得主动而得到令人满意的效果。

世上任何事物都是相对的，站在一个角度看是一种感觉，换一个角度感觉可能就会相反。因此家长要让孩子明白在人际交往中不要片面地看问题，尤其不能只站在自己的角度看问题，而应调整好自己的参照点和观察点，多站在对方的立场上观察，以便形成良好的感觉和积极的心态，得出更全面的结论。如果你不了解对方在想什么，就会在决策中产生一定的片面性。不妨多替别人想想，站在对方的立场上，也许会得到更多的启迪和智慧。

因此，男孩若想赢得别人对你的赞同与欢迎，就必须做到从他人立场出发去考虑问题。

建议二：告诉男孩，一定要耐心倾听别人的忠告

男孩在待人处世方面不够成熟，会出现许多失误或纰漏，这时有人提出逆耳忠言，该是多么值得庆幸的事情。对于他人的善意提醒与忠告，男孩应该洗耳恭听，也许那是一句有益终生的忠告。

《孔子家语》有言："良药苦口利于病，忠言逆耳利于行。""人受谏，则圣；木受绳，则直；金受砺，则利。"然而现代社会，能够直言不讳地指责他人缺点者已日渐减少。无论是我们的朋友、长辈或同学，大都不愿意冒着使别人恼恨的危险去忠告别人，而

都抱着独善其身的态度漠视一切。如果人人皆能诚恳、虚心地接受别人的忠告，而且人人都期待他人的忠告，则这种现象又怎么会出现呢？

对男孩而言，真正能够苦口婆心地劝告他，指责他的人是谁呢？不外是父母、师长、兄弟、姊妹、朋友等。他们的目的无非是希望男孩在人际关系上更圆满，在事业上更成功。但是，忠言逆耳，大多数人对于忠告总是有一种逆反心理，从而导致原有的密切关系破裂。在某种程度上说，忠告确是一件危险的事情。如在这种情况下仍有不顾后果提出忠告者，一定是对我们怀有深厚感情之人。一个从来不曾受到他人忠告的人，看似完美无缺，实际上可说是一个毫无良好人际关系的真正孤独者。

由此看来，男孩若能受到忠告正说明周围有人在关心他。"不闻不论，则智不宏。不听至言，则心不固。"（《申鉴》汉·荀悦）但是，需要让男孩了解的是，若接受忠告时的态度不够坦然，则将会使他的朋友弃他而去。从另一个角度来说，忠告者也能从他的态度中得知他是一个坦诚的人，或是个骄傲自大的人，或冥顽不灵的人，进而影响对他整个人格的评价。一个谦虚上进、追求完美的人一定是个能够接受任何善意建议的人。如此，即使是与他只有点头之交的人，也将乐于对他提出忠告。

具体而论，男孩在接受别人的忠告时应把握以下几点：

第一，要"照单全收"。忠告必须"照单全收"，至于正确与否，事后再慎加选择，切莫拒绝，更不能当场轻下诺言。很多人都会受到忠告，只有真正有智慧的人才能从中得到裨益。

第二，诚恳的道歉。"啊！是我疏忽了，十分抱歉，今后一定改进。""对不起，这是我的错，请你原谅。"如能诚心地道歉，对方一定能原谅。

第三，不逃避责任。别人忠告你时，如果你"但是""不过""因为"等如此一味地辩解，或急欲掩饰过错、保护自己，只会使你的过失更加严重，使存在的问题变得更加复杂。因而无法找到正确的解决之道。

第四，不强词夺理。有些男孩在犯错误之后，受到长辈的忠告，非但不思悔改，反而理直气壮地陈述自己不正确的理由，说什么："你也曾年轻过呀！难道你年轻时就那么十全十美从没犯过错误吗？"如此态度将使长辈甩袖而去，再也不管他的事了。这对男孩有害无益，而且将会阻碍他人格的发展。

第五，不自我宽恕。许多男孩遭到失败时，总是替自己找许多理由、借口来宽恕自己，认为自己并非能力不高，而是时运不济等。如持这种态度，则最终仍将无法克服自己的缺点，而使自己更显孤独。对于别人的忠告不要漠然置之，必须表现出乐于坦诚接受的态度。

第六，对事不对人。对于别人的忠告，应仔细反省其所指责的事物，而绝不应该耿耿于怀。敞开胸怀接受批评，彻底反省、思过、改进，接受忠告并善加活用，使他人的忠告成为自我成长的原动力，这才是一个明智的人应持的正确的处世态度。

细节 79 培养男孩敢于面对公众

在生活中有许多男孩都具有羞怯心理，害怕与人交往，尤其是与陌生人，这是非常大的一个阻碍，人要生存，怎么能害怕与别人交往呢？

羞怯会影响一个人的学习、工作与社交。有羞怯感的人感到主动结交新朋友很困难，因此他们的孤独感往往较强烈，有一部分由于害羞而闭关自守，与人隔绝，当他们真的与人相处时，又常常不愿中断关系，希望避免为寻求宝贵的友谊而遇到的困难，结果，他们结交的伙伴当然不会是最理想的。害羞的人常常感到自卑，他们普遍对自我形象持否定态度。

在现实生活中我们可以发现这样有趣的一个现象：自信的人几乎不害羞，害羞的人往往不自信。因此，克服害羞对培养自信十分重要。羞怯心理会严重影响男孩的正常生活和人际交往，那么如何克服羞怯心理呢？可以教孩子试试以下几种方法：

第一，告诉孩子永远不要无缘无故把自己说得一无是处。也许男孩会有做错事的时候，例如说错话，但这并不表示他就是笨拙的，也许自身会有一些缺陷，如小眼睛，但也没必要感觉自己目光短浅、不美。

第二，让男孩了解自己的优点和缺点。找些小卡片，把它们分成两种颜色：一种代表优点，另一种代表缺点，每张卡片写一个优点或缺点；然后检验一下哪个优点还没发挥，怎么去发挥这个优点；再检验哪个缺点是孩子可以不在乎甚至可以忽略的，把这些可以忽略的、不在乎的缺点丢掉，这样做就可以使孩子不会过分低估自己；然后他会发现自己的优点比缺点多，而且会更加自信地发挥他的优点。

第三，鼓励男孩试着坐在人群的中心位置。害羞的人常喜欢躲在角落，免得引人注目。因为这样也就没有人注意到自己，反而证实了"没人关心自己"的想法。改掉这个习惯，才能让别人有机会注意到你。

第四，有话大声说。害羞的人说话都很小声，不妨建议男孩把音调提高，就会在内心暗示自己，更加相信自己有权说话。

第五，要嘱咐男孩，当有人跟他讲话时，眼睛一定要看着对方，害羞的人常常会忘了这一点。当然不必瞪着对方，但至少要让对方知道你是在倾听。

第六，别人没有应答我们的提问时，要再重复一遍。不要替自己找理由说是别人对你的话不感兴趣。

第七，在说话的过程中被人打断了，一定要继续把话说完。我们讲话时常会被打断，其实有时对方插话也表示他对你说的话很感兴趣，所以下次不要把谈话中断当作借口而逃离人群。

建议一：鼓励男孩多参加集体活动

为了使孩子能够和他人更好地交流、相处，家长要鼓励男孩学习更多的交往技能。集体活动为男孩提供了更多与人交流的机会，许多性格和能力要在集体生活和游戏中才能养成，如团结、大方、礼貌、遵纪、自尊自爱、竞争意识、牺牲精神、合作意识、组织协调能力、集体观念和服从精神等。这些品质和能力是集体之外的活动所不能够培养的，却又是一个高素质人才要具备的。

1. 学会爱集体

（1）多为集体做好事。例如，在学校主动打扫卫生、为朋友打开水、帮老师擦黑板等。

（2）要遵守集体规则，维护集体荣誉。要知道自己是集体中的一员，应该为集体争光。如轮到自己做值日生这天，要早点到学校去，不要迟到。

（3）要积极参加班级活动。集体因为每一个人的存在才成为了一个有机整体。集体活动中缺少了谁，这个有机体都是不完整的。参加一次班级篮球赛，在赛场上学习团结与合作；参加一次班级春游，孩子会发现因为有了同伴的陪伴而使春天更加灿烂；参加一次班级合唱团，他能知道自己所在的那个音阶对整首曲子来说是多么的重要。而这些，都是他一个人玩球、一个人爬山、一个人唱歌时体会不到的，是从集体活动中获得的。

2. 参加社区的服务

美国许多中学都要求学生们参加社区服务，否则不能毕业。而现在，全国国立和私立中学中，超过30％的学校已经这么做或正准备这么做。参加服务的时间要求不一。在我国，尽管有些社会团体搞了一些社区服务活动，但是大多数男孩并没有定期参加类似的帮助老弱病残者的活动，因而就没有亲身体会，也不懂得其真正的含义。即使父母不断地把这些思想灌输给男孩也无济于事，只有亲身经历过了，他才能真正受到影响。

现在，许多学校都设有"青少年志愿服务团"，参加到这些团体中来，男孩就会有更多的机会投身到社区的服务中。如到养老院中去看望孤寡老人，陪他们聊聊天，用一份童真带给老人一份快乐和安详；大家组织起来将路边的长椅擦干净，看着行人坐在干净的长椅上休息时，你会感受到合作的乐趣和成就感。

在这些团体中，男孩会渐渐培养自己的组织协调能力、语言表达能力、团结合作能力，并磨炼出坚强的意志和良好的为人处世技巧，而这些，恰恰是以后的人生道路上所需要的。

建议二：教男孩说话注意场合与分寸

幽默、风趣、得体的语言可以调动谈话者的热情，很快使周围的气氛热烈起来。很多男孩希望自己能达到这种谈话效果，实践起来却觉得很难。家长可以提醒孩子注意，当他要用语言来表达自己的意图，让别人接受他的观点时，应该根据谈话对象的身份、地位、心境以及你们所处的场合选择合适的措辞。

首先，说话要讲究场合。不同时间、不同地点，也许人们的社会地位等因素都发生了改变，所以语言也要适当地随之变动。

明代开国皇帝朱元璋，出身贫寒，少年时候就放牛，给有钱人家打工，甚至一度还为了果腹而出家为僧。但朱元璋却胸有大志，风云际会，终于成就一代霸业。

朱元璋当了皇帝以后，有一天，一位儿时的穷伙伴进京来求见他。朱元璋很想见见旧日的老朋友，可又怕他讲出什么不中听的话来。犹豫再三，总不能让人说自己富贵了不念旧情吧，还是让传了进来。

那人一进大殿，即大礼下拜，高呼万岁，说："我主万岁！当年微臣随驾扫荡芦洲府，打破罐州城。汤元帅在逃，拿住豆将军，红孩子当关，多亏菜将军。"

朱元璋听他说得动听含蓄，心里非常欢喜，回想起当年大家饥寒交迫时有福同享、有难同当的情形，心情很激动，立即重重封赏了这个老朋友。

消息传出，另一个当年一块放牛的伙伴也找上门来了，见到朱元璋，他高兴得忘乎所以，生怕皇帝忘了自己，指手画脚地在金殿上说道：

"我主万岁！你不记得吗？那时候咱俩都给人家放牛，有一次我们在芦苇荡里，把偷来的豆子放在瓦罐里煮着吃，还没等煮熟，大家就抢着吃，把罐子都打破了，撒下一地的豆子，汤都泼在泥地里，你只顾从地下抓豆子吃，结果把红草根卡在喉咙里，还是我出的主意，叫你用一把青菜吞下，才把那红草带下肚子里。"

当着文武百官的面，朱元璋又气又恼，哭笑不得，喝令左右："哪里来的疯子，来人，把他轰出去。"

面对同一个人，讲了同样的内容，只是用不同的方式说出来，境遇就会有所不同。第二个人不但没有得到封赏，反而被轰了出去的原因就是他没有掌握好说话的场合。今日的朱元璋已不是昔日一起游戏、讨饭的小叫花子，而是堂堂一国之君，当着众多大臣的面直接揭皇帝的短，不是冒险还能是什么呢？

其次，说话还要看对象，正所谓"看人下菜碟"。这里并没有阿谀奉承之意，而是说要根据对方的年龄、性别、文化程度、身份、职务、心情等来选用语言。

第一，说话时要看对方的文化程度。

人口普查员填写人口登记表，问一个没有文化的老太太："你有配偶吗？"老太太说："你是问我有没有买藕吗？"结果闹了个笑话。

第二，说话要看对方的身份职务。

对不同身份职务的人交流有不同的方式。下对上、晚对长、生对师、普通人对有名气地位的人等，不应当也不必要表现得屈从、奉承。但在言谈举止上则不要过于随便，有必要也应当表现得更加尊重一些。如学生与老师之间发生了矛盾，可以像同学之间发生矛盾一样平等地交流、沟通，但在说话时应当注意方式和讲究措辞。

一般来说，在不是十分严肃庄重的场合，身份较高的人对身份较低的人说话越随和、越风趣越好，而身份较低的人对身份较高的人说话则不宜太过随便。

第三，说话时要看对方的性格和心境。

性格外向的人善于言谈，乐于交往；性格内向的人多半"沉默寡言"。同性格开朗的人谈话，你可以侃侃而谈；同性格内向的人谈话，就应注意分寸，小心用词。

> 一次，孔子的学生仲由问："听到了，就去干吗？"孔子说："不能。"又一次，另一个学生冉求又问："听到了，就去干吗？"孔子说："干吧！"公西华在旁听了疑惑，就问孔子："两个人的问题相同，而你的回答却相反。我有点儿糊涂，所以来请教。"孔子说："求也退，故进之；由也兼人，故退之。"意思是说，冉求平时做事好退缩，所以我给他壮胆；仲由好胜，胆大勇为，所以我劝阻他。

所以，谈话也要看对方的性格和心理状态。

不同的人在不同的情况下有不同的心态，有时候不会从外部表现上明显地表露出来，这时作为表达者就应当洞察对方的心理，以便进行有效的交流。

　　所以，男孩在与别人谈话时，一定要注意场合与分寸，切不可在错误的时间、错误的地点说了错误的话。

细节80 不怯生，不鲁莽——让
男孩成为社交达人

在男孩的成长过程中，自主能力和社交能力是相辅相成的。在生活中我们会发现，凡是自主能力强的男孩，其社交能力就比较强。

生活在现代社会的人，必须学会待人接物的方法，善于与人礼貌往来。因为和谐的人际关系无疑已成为当今世界人才的重要素质之一。有些男孩因缺乏待人接物的经验，往往在交际中有差强人意的表现。

主动参加接待客人的活动，有利于培养男孩的主人翁精神。在参与接待客人的过程中，体会到主人和客人地位的不同，自然会产生一种自豪感和责任感，会比平时更小心，殷勤百倍。也有利于培养男孩礼貌待人的好习惯。要接待好客人，让客人满意，就必须在语言、行为上都讲究礼貌，实际上是给男孩提供了礼貌待人的练习机会。而且，能学到一些待人接物的方法。最初，男孩是不会接待客人的，这就需要学习和锻炼。

怎样培养男孩接待客人的能力呢？

第一，做好心理准备。在客人到来之前，男孩应该向父母了解，客人什么时间来，谁要来。客人与父母、与自己的关系以及该如何称呼，使自己在心理上做好接待客人的准备。

第二，与父母共同做准备工作。男孩可以和父母一起做接待客人的准备工作，如打扫房间，采购糖果等，共同创造一个欢迎客人的气氛。

第三，在父母的帮助下接待客人。例如，客人来了，男孩可以在父母的帮助下招呼每一个人，请客人坐，请客人吃糖果。还可以把自己的玩具拿出来给小客人玩，把自己的相册拿给大家看。

第四，学着与客人交谈。男孩应大方地回答客人的问话，在别人讲话时不随便插嘴。如果自己在某一方面有特长，可以主动为客人表演。制造出一种轻松、愉快、热烈的气氛。

待人接物不只体现在招待客人上，而是渗透于男孩生活的方方面面。

每个人都有自己生存的空间，然而在这个空间中家有家规，校有校规，国有国法。没有规矩，难以成方圆。男孩要从小就懂得规矩，并遵守规矩。

父母都希望孩子能成为一个有教养的青少年。所以，就要让男孩知道哪些言行是文明礼貌的，哪些言行是粗鲁无礼的。

一个人的修养决定着他的生存方式。有修养的男孩，不但能受人尊重，而且还能成大器；没修养的男孩，不但害人害己，还会不得人心。对于男孩来说，尤其在公共场合，更应重视自己的行为举止，学会待人接物。

建议一：幽默的男孩更受人欢迎

在社会生活中，幽默是无处不在的。幽默是语言的润滑剂，如果你的孩子善于灵活运用，必将为他的生活带来无穷的轻松和乐趣。

幽默是人际交往中的磁石，可以将周围的人吸引到你身边来；幽默也是转换器，可以将痛苦转化为欢乐，将烦闷转化为欢畅。

每个人都喜欢与机智幽默的人做朋友，而不情愿与忧郁沉闷、呆板木讷的人交往。

语言幽默的人在社交中往往大受欢迎。最能聚集人脉的人常常就是颇具幽默的人。我们都喜欢幽默的人，但并不是每个人都会使用幽默。相反，许多人认为幽默是上帝赋予的先天禀赋，后天无法获得。其实，幽默是可以后天获得的。

对生活丧失信心的人不可能再运用幽默的资源，整天垂头丧气的人也无法体会幽默的妙用。因此，能够幽默的人首先应该充满对生活的期望和热爱，自信地对己对人，即使身处逆境，也是快乐的。

快乐是幽默的源泉，保持快乐，不仅可以带给自己幽默，还可以让别人幽默起来。怎样才能保有"快乐"呢？秘方之一是自娱自乐。这一点每个人都会，但最好不要应付了事。即使心情忧郁时，也要找点自己愿意做的事，给情绪添点欢乐的色彩。

幽默是可以学习的，因此为了开发自己的幽默资源，就必须先进行"投资"。多读些笑话、讽刺小说，多看一些喜剧，多听几段相声，随时随地收集幽默笑话。你可以将幽默、有趣的文章剪贴下来，并加以分类归档。

周围世界中充满了幽默，鼓励孩子睁大眼睛，去观看，并且竖起耳朵，去倾听。幽默来源于两个世界，一个是真诚的内心世界，一个是生活中周围的客观世界。当男孩用智慧把两个世界统一起来，并有足够的技巧和创造性的新意去表现幽默力量，就会发现自己置身于趣味的世界中，人际关系也由此会顺畅起来，离成功也就不远了。

另外，男孩在运用幽默口才时应注意以下几个问题：

1. 要注意场合。在不适当的场合展示所谓的幽默，会造成不良的影响，甚至是严重后果。

2. 要区别对象。就像音乐是给会欣赏音乐的人听的，绘画是给会品味绘画的人看的一样，找错了对象的幽默难免会造成双方的难堪。

3. 与残疾人开玩笑要注意避讳。拿他人的缺陷、不足开玩笑，会伤害对方。

4. 内容要健康，格调应高雅。

5. 态度要友善。冷嘲热讽地开玩笑，别人会产生反感。

6. 和异性、不同辈分的人开玩笑要适当，"荤段子"不可说。

7. 不可板着脸开玩笑。

8. 不要以为捉弄他人也是幽默。别人会误以为你是恶意的而令你祸从口出。

9. 不可总大大咧咧地开玩笑，让人觉得你不够成熟、踏实、庄重。

正如拉布所说，"幽默是生活波涛中的救生圈。"幽默能够营造一个轻松、诙谐的谈话和交往氛围，能让人在紧张的环境中得以放松，能愉悦人的心情，也能够抚平生活中出现的波涛和褶皱。既然幽默有这么多的好处，何不让孩子学着成为一个能带给身边人快乐的幽默大师呢？

建议二：告诉男孩与人相处应把握好度

常言道"一回生，两回熟，三回四回是朋友"，可是对有些人来说，外面的世界充满了危险和侵犯，保护自己的最好方式就是与周围的人和世界维持一个安全的距离。他们总是一副不愿意与别人"深交"的样子，与任何人都是一种"君子之交淡如水"的交往习惯。

告诉孩子，既然这样的人对自己有一层保护网，难以让人走近他，那么跟这样的人交朋友，就一定要懂得保持距离，不要让

"自来熟"的习性破坏了彼此之间和谐自然的关系。

其实很多时候，有一定距离的友情，反而更容易维持，因为人和人之间如果走得太近，就容易因为彼此过于了解而产生摩擦，如果过于疏远了，友情也就变淡了。所以，保持一定的距离，不过分亲近也不过于疏远，才是友情的最佳保鲜法。

蕨菜和离它不远的一朵无名小花是好朋友。每天天一亮，蕨菜和无名小花就互致问候。日子久了，它们都把对方当成自己最知心的朋友。同时，它俩发现，由于相距较远，每天的交流很不方便，便决定互相向对方靠近，它们认为彼此之间距离越近，就越容易交流，感情也越深。

于是，蕨菜拼命地扩散自己的枝叶，它蓬勃地生长，舒展的枝叶像一把大伞，无名小花则尽量向蕨菜的方向倾斜自己的茎枝，它俩的距离越来越近了。

出乎意料的是，由于蕨菜的枝叶像一柄张开的大伞，它不仅遮住了无名小花的阳光，也挡住了它的雨露。失去阳光和雨露滋润的无名小花日渐枯萎，它在伤心之余，不再与蕨菜共叙友情，认为是蕨菜动机不良，故意谋害自己，便在心里痛恨起蕨菜来。

蕨菜呢，由于枝叶过于茂盛，一次狂风暴雨后，它的枝叶被折断了许多，身子光秃秃的。看着遍体鳞伤的自己，蕨菜把这一切后果都归咎于无名小花，如果没有无名小花，它也绝不会恣意让自己的枝叶疯长的。

于是，一对好朋友便反目成仇了。

从这则故事中，我们看到了距离的重要性。家长要让男孩明白这样的道理：你们成为好朋友，只说明你们在某些方面具有共同的目标、爱好或见解以及心灵的沟通，但并不能说明你们之间是毫无间隙，可以融为一体的。过于亲近，有时会被刺伤，过于疏远，又感受不到友情的温暖，只有把握好相处的距离，才能让友谊之树常青。

在日常生活中，朋友间的交往不可能事事顺心、样样如意，难免会为一些事发生争吵、引起矛盾。家长要让男孩明白，这种事本身是很正常的，关键是要看我们自己怎样对待，是否能分辨清楚原因，恰到好处地加以解决，协调好彼此之间的关系。

同学之间吵架的原因有很多，主要有以下几种：

1. 开玩笑有些过火了，行动上让对方觉得很难堪，双方处事的态度不同等原因都会引起矛盾。

2. 有的时候会遇到别人的挑拨，使自己对朋友产生了误解，有时由于双方所受到的待遇不公平，使自己产生了赌气的行为，与对方不能和睦相处。

3. 有的好朋友之间原本相处得很好，但是因为其中一方心理状态不平衡，正在生气或是正在烦恼，稍不顺心，便会失去理智，无法自制。

无论是由于什么因素引起的吵架，都会使双方烦恼不安。因此，家长要教男孩正确分析原因，因人因地选择解决问题的方法。

1. 采取宽容大度的态度，主动从自身去找原因，以己之心度人，以人之心度己，宽容大度。自己错了主动承认，做自我批评，即使是对方的错误，也要先检查自己态度上的过失，争取在缓和的气氛中沟通思想。这是解决争吵的正确态度，要求男孩平时要加强自身修养，提高心理素质，做到遇事不急躁，三思而后行。

2. 正确分析争吵原因。对偶发的、自然因素造成的争吵要采取忍让的态度。人与人的交往难免会磕磕碰碰，没必要事事较真。对一些事采取幽默手段处理，便会化干戈为玉帛，会给生活增添色彩。对待涉及原则性的争吵，则需要男孩理智地思考，以理服人，以情动人，求得共识。

3. 采取灵活有效的方法。对内向性格的人，以无言的行动感动对方，易于矛盾的和解；而对外向的人，最好使用直截了当的方式，这样符合他们的性格特点。也可以通过书信形式，达到沟通目的。

细节 81　男孩一生不能缺少朋友

　　人的生命中，总要有一两个知己。他们不一定是一个有多么卓越的才能、多么显赫的地位的人，但是，他们对你有一颗真诚的心。当你遭遇困难、别人对你唯恐躲避不及的时候，他们会竭尽所能地伸出双手帮助你，让你心中充满温暖。

　　我们生活在一个物欲横流的社会，金钱似乎成了衡量一切的筹码，人与人之间的感情越来越淡漠，友谊也常因受到利用而被玷污，友情的误区比比皆是。不过，我们还是应该这样告诉孩子："有了朋友，生命才显示出全部的价值。友爱，这是照亮我们黑夜的唯一的光亮。"人生活在社会上，不仅要和睦相处，还应该互相帮助、互相尊重、互相关心。

　　家长要让男孩学会改善人际关系，交几个真心朋友，使生活更为充实、更加美好。

　　英国诗人赫巴德说：一个不对我们有所求的朋友，才是真正的朋友。可见，真正的友情都应该具有"无所求"的性质，一旦有所求，"求"也就成了目的，友情则成了饰品。让友情分担忧愁、让友情加深交流、让友情促进工作……如此这般，友情似乎成了忙忙碌碌的工具，那它自身又是什么呢？应该为友情卸除重担，也让朋友们轻松起来。朋友就是朋友，除此之外，别无所求。

　　一些家长总告诉男孩"要跟学习好的孩子玩，不能跟落后生做朋友"，这样的做法是错误的，你很有可能让孩子错过一段温暖一生的友情。家长应该告诉孩子，真正的友情不依靠于学业、祸福和身份，不依靠经历、地位和处境，它在本性上拒绝功利、拒绝归属、拒绝契约，它是独立人格之间的互相呼应和确认。它使人们独而不孤，互相解读自己存在的意义。朋友就是互相使对方活得更加自在的那些人。

建议一：告诉男孩不要忽视朋友的影响力

男孩的交友问题已经迫在眉睫！事实上，人际关系是从童年开始萌芽的，而"朋友"对男孩的影响力甚至超过父母。但是家长却没有权利决定谁才能做孩子的朋友，只能去老老实实履行义务，早早提醒孩子结交好朋友，脱离坏朋友。

阿远的父母平时忙于工作，很少管孩子。阿远本来是个很乖巧的孩子。在他刚上初中的时候，班里有一帮男同学总是欺负他，这时候，社会上的一帮人帮他教训了他的同班同学，从此整个学校没有人再敢欺负他了。他对那帮人感激不尽，后来加入到他们的"组织"中去。可是两年的时间，他彻底变了。他似乎对所有的人都没有了感情。他经常向长辈伸手要钱，动辄上万。一次，他还逼迫父母拿出20万，说如果不拿的话，就断绝亲子关系。父母很心痛，后悔没有好好关心他，更后悔对他的交友不闻不问。

在男孩的成长路途中，他会遇到各种各样的朋友，有和他趣味相投的挚友，有对他直言相规的诤友，有无话不谈的密友，当然也不乏因为某种利益而和他相交的盟友。男孩的可塑性非常强，从某种程度上来说，朋友甚至会影响他的一段人生。

在关注孩子交友这方面，我们不妨向犹太父母取经。犹太父母很重视男孩的交友，他们有一句有名的格言是："跟狗玩，就会有跳蚤上身。"他们将朋友分成三类：一类是像面包一样的朋友，生命中不可或缺；一类是像蔬菜和水果一样的朋友，偶尔点缀；还有一类人，虽然平时好像是朋友，倘一遇到紧急状态，他就会躲得远远的。《塔木德》中说过："与污秽者为伍，自己也得污秽；与洁净者相伴，自己也得洁净。"有这样一个故事：

> 一个犹太富人有 10 个儿子。他郑重地向他们宣告，他临死前，会留给他们每人 100 第纳尔的财产。
>
> 但是几年后，他只剩下 950 第纳尔了。于是，他给了 9 个儿子每人 100 第纳尔，并对最小的儿子说："我只剩下 50 第纳尔，还需要 30 第纳尔作丧葬费，因此只能给你 20 个第纳尔。但是我有 10 个朋友，他们的价值胜过 1000 第纳尔。"
>
> 这个人死了以后，9 个儿子各自走了，最小的儿子想起了父亲的遗言，便用他剩下的一小部分钱招待了父亲的 10 位朋友。
>
> 父亲的朋友们边吃边聊，其中有一个人说："所有的弟兄中他是唯一还挂念我们的人，我们也应该有所报答。"
>
> 于是每个人都帮助了这个最小的儿子，结果他比他父亲还富有。

一个男孩选择了怎样的朋友，就等于选择了怎样的前途。选择与一个有学识、善良、智慧、豁达的人为友和选择一个有暴力倾向、邪恶的人为友，会有截然相反的两种结果。

父母不必像个教官一样直接干涉男孩的交友问题，但要学会用自己的交友行为来影响孩子交友。

犹太经典《塔木德》中那些关于交友的哲思影响了一代又一代犹太儿童，家长可以试着向男孩讲授：

当你结交一个朋友时，先考察考察他，不要急于信任他。

有些朋友，当事情对他们有利时，他们是忠诚的，但是有了困难，就抛弃了你。

有些朋友倒向敌人一边，使争吵公开，来羞辱你。

还有的朋友吃你的，当在困难时却找不到他；当你繁荣昌盛时，他是你的心腹，但当你败落了，他就会躲得远远的。

一个忠诚的朋友就是一个安全的庇护所，谁找到这样一个朋友，谁就找到了财宝。

建议二：对于男孩来讲，敌手与朋友同样重要

男孩之间难免打打闹闹，有些孩子心胸宽广，打过闹过，依旧是朋友。有些孩子则不然，一旦发生过什么摩擦，再见面就如仇人一般。你的孩子是否属于后者呢？常言道：不打不相识。家长要让孩子明白，人与人之间的友谊可能就是因为争斗而发端。而且友谊还会在不断的争斗中得到巩固，不断加深。《水浒传》中有这样一段故事：

> 宋江被发配到江州，遇到早就想结识他的戴宗，与后到的李逵一起在一家酒店里喝酒。吃喝间，宋江嫌送来的鱼汤不好，于是叫酒保去做几碗新鲜鱼烧的汤来醒酒。正好酒馆里没有新鲜鱼，于是李逵跳起来说："我去渔船上讨两尾来与哥哥吃！"李逵走到江边，对着渔人喝道："你们船上活鱼把两条给我。"一个渔人说："渔主人

不来，我们不敢开舱。"生气的李逵不小心一连放跑了好
几条船上的鱼，惹怒了几十个打鱼人。后来还与绰号为
"浪里白条"的渔主人张顺打了起来。两人正打得难解难
分时，早就认识张顺的戴宗跑来介绍二人认识之后说道：
"你两个今番却做个至交的弟兄。常言道：不打不成相
识。"二人遂成为好友。

　　双方不打一场不会相识，经过交手而互相了解，更加投合，
这种例子不胜枚举。最常见的就是武侠小说中的各路英雄，特别
是结拜的兄弟，常常是因为误会而发生争执，但是当真相大白时，
彼此又会互相欣赏而成为至交好友。比如《天龙八部》里的乔峰
和段誉，他们就是在比试中互相认识的，进而互相钦佩，结为生
死兄弟，同生死共患难。

　　友谊的形成是一个方面，友谊的持续又是另外的一方面。维
持友谊往往比友谊的形成更加困难，因为这是一项长期的工程，
需要精心的呵护。人与人相处，难免会发生各种各样的摩擦和争
斗。因为每个人的性格不同，处事的方法不同，了解的事情也不
一样，因而在同一件事的认识上会发生这样或那样的偏差，误会
就会随之而产生。但是误会总是会消除的，在一番明争暗斗之后
才会发现友谊的可贵，曾经失去才会倍加珍惜。互相包容，互相
理解，容忍对方的小毛病，使小的争斗不至于扩大化，不至于动
摇友谊的根基。所以，争斗其实也会有它积极的一面，条件是争
斗之后妥善处理之后的误会，吸取教训，修补裂痕，使友谊更加
坚固。从争斗中吸取教训，学会宽容。每个人都会有一些缺点，如
果互相抱怨，互相指责，无法忍受对方，友谊就无从谈起了。

　　另外，在这样一个"物竞天择，适者生存"的社会，彼此之间
的竞争无处不在，即使是再好的朋友也可能会发生竞争。男孩需
要明白，竞争既可能是良性的君子之争，也可能是使用阴谋诡计

互相陷害。而我们要教给孩子的就是，在竞争的时候始终不要忘了做人的基本原则，不要做出让人心寒的事情。这样才能在争斗过后，还能保持友好的关系。如果使用不正当的手段，做出让对方不齿的行为，对方便再也不会信任你，而友谊也就会荡然无存。因此，保持友谊的争斗应该是良性的竞争。而且，在竞争中双方能够互相学习，共同促进能力的增长，这样的争斗何乐而不为呢？

　　所以，男孩们应该学着用宽容的心态来看待朋友间的矛盾，这样他会发现自己的人脉会越来越宽，越来越广，那是一件让人十分羡慕的事情。

细节 82　对男孩开展"社会化教育"

未来社会需要青少年具有社会交往和活动的能力，然而今天的独生子女恰恰缺乏与人交往、合作的机会，他们身上或多或少地有着不合群、自私等表现。男孩将来能否积极地适应各种环境，能否协调好与他人与集体的关系，能否勇敢地担起社会责任，能否乐观地对待人生等，都和社会交往密不可分。

一般说来，男孩在人际交往方面的问题主要有下面几种：

1. 自闭与防御心理

进入青春期后，青少年自我意识与独立倾向明显增强，自尊心很强，内心世界不愿向别人袒露，特别是在某方面受到挫折后，更容易出现自闭与防御心理。这种心理会加重思想负担，造成一定的心理压力。这种现象产生的原因是多方面的，有的是对因升学等原因导致的学习环境的变化不能适应，不能在新环境中很快建立新的友谊；有的则是因为怕自己不能被人理解，怕别人嘲笑自己的想法，认为对方不会以诚相待、不会为自己保密等。

2. 自卑与交往恐惧心理

这种心理会导致他们感情脆弱，忧郁孤僻，害怕别人看不起自己，不愿参加集体活动，不敢与人交往。也有的男孩因为在交往中受到过挫折和伤害，对交往怀有一种恐惧心理，在与人交往时紧张、手足无措，而因此导致的交往失败体验则会进一步加深这种心理。

3. 自我中心的心理

具有自我中心心理的男孩在与人交往过程中，处处从自己的利益出发，一味希望别人能听从自己，为自己服务，而不考虑付出。这些学生唯我独尊，不能听取他人意见，往往有骄傲自满的情绪，这种心理最终会导致他们成为人际交往中的失败者。这类男孩主要集中在两类群体中：一是以溺爱的家庭教养方式为主的独生子女，一是学习上经常获得成功体验、经常受教师表扬但对挫折的心理承受能力较差的"优秀学生"。

人是群体性的动物，只有在"群"中个人的力量才能发挥到极致。乐群，也就是乐于群体生活，能够在人际交往中如鱼得水，这是一项不可小觑的本领，甚至可以说是做人之本、成功之基。所以，千万不要认为这是与学习无关的小事，而要把它重视起来，从小培养男孩的人际交往能力，以便在日后的生活中得心应手。

建议一：培养男孩的正当竞争意识

竞争是男孩的天性，行为专家曾这样说："一场比赛结束后，你会看到一个被打败的男人在真诚地向对手祝贺，其实在这背后，这个男人想的是如何在下一次将他打败。"有竞争心理是对的，但是要通过正当竞争，将来才会成为真正的男子汉。

作为家长，不用担心男孩这种过强的竞争心理，性别赋予了他们巨大的能量，这是男孩的优势所在。告诉你的男孩要遵守竞争的原则：公平、公正、正当，然后放手让他去争吧，这样会更有利于他长成真正的男子汉。

在当今的社会中，竞争是客观的存在，任何人都要面对。有的男孩因为害怕失败不敢参与竞争，实际上，竞争是激发男孩提高能力的有效形式，通过竞争可以锻炼男孩良好的心理素质。为了让男孩在将来的社会中占有一席之地，家长一定要重视培养男孩的竞争意识。

有个男孩在美国的一所中学读书，有一次学校里要选拔队员参加足球赛，想被选中的同学都要参加一个"淘汰竞争"的测试，对于每个同学来说，机会是均等的。能否参加足球队，完全看自己在竞争中的表现。

"淘汰竞争"的过程如下：开始的时候先绕学校跑3000米，接着是三组400米，然后是四组100米往返跑……学生们都已经累得歪歪斜斜的，但是竞争远远没有结束。他们又开始了下一轮的竞赛，在赛场上，有的孩子抽筋，有的孩子晕倒，有的孩子呕吐……

即便是如此，没有男孩愿意放弃或者是主动退出。他们已经记不清自己跑了多少圈，但他们一直都坚持着。

"只要没有到最后一分钟，谁都有机会。现在看那些跑在前面的，说不定下一轮就落后。"

这种"淘汰竞争"在中国很少见，其实它的意义不仅限于对男孩的体能测试，更是一场对于意志的较量。通过竞赛性的活动可以使男孩体味到竞争的快乐，学会承受失败的痛苦，品尝到胜利的喜悦，有助于培养男孩积极向上的品格。

害怕竞争没有任何意义，培养男孩的竞争意识应当从小开始，逐渐形成良好的竞争力。

培养男孩的竞争力应做到以下几点：

首先，要注意发展男孩的个性。个性也代表着男孩的独特性。个性突出的男孩往往蕴含着无穷的竞争力量，一个男孩能够自立、自律、自主，其竞争意识和竞争能力往往超过别人。所以家长不要只把着眼点放在让男孩学习更多的知识上，还要鼓励男孩掌握更多的才能和本领，形成完善的人格。

其次，要鼓励男孩勇于创新。家长可以鼓励男孩自己发现问题，多参加亲自动脑、动手的活动，激发孩子的求知欲和求知兴趣，让他尝试着自己解决问题。家长不可以限制男孩的思维和手脚，而应对于男孩的新思想给予肯定和表扬，并鼓励男孩坚持探索。

再次，要鼓励男孩积极参与竞争。传统上，人们用"乖"作为评价孩子的标准。但是听话的孩子往往是缺乏个性的，尤其是男孩。现在的家长更需要从小培养男孩独立自主、敢想敢干的精神，鼓励男孩走出家庭的保护，融入社会。

最后，要鼓励男孩相信自己。让男孩用自己的真实感受来表达这个社会，当他可以用自己的价值观来判断社会的时候，就会给自己一个正确的定位，也就有信心去实现自己所追求的目标。相信自己，本来就是一种自我竞争，如果一个男孩自己都不敢相信自己，那他又怎么会有与人竞争的勇气呢？

建议二：爸爸妈妈就是男孩的"外交顾问"

现代中国儿童由于多是独生子女，或是太"独"而不利于与人交往，或是缺乏一定的社交锻炼而不会主动与人交往。这就为孩子今后的生活与发展带来很大障碍。作为家长，你能否帮助过孩子与人成功地交往呢？

在平时，你是否会关注孩子有没有朋友，与同龄伙伴来往得亲密与否？

当自己的孩子与伙伴交往出现问题时，你是否曾帮助孩子寻求解决的办法，并分析原因？

人的社会化只有在人际交往中才能得以进行和实现。随着男孩的成长，交往的形式日趋多样化。男孩的交往性质和交际水平，直接影响着他们社会化的水平。

男孩的个性除受先天遗传因素影响外，更重要的是后天环境的影响，长期生活在友好和睦的人际关系中，就会乐观、开朗、积极、主动。儿童时期是人的个性定型时期，积极的社会交往，有助于个性的发展和优化。

男孩人际交往的时间和空间越大，精神生活就越丰富，得到支持与帮助的机会就越多；而交往得不到满足时，孩子的情绪就会低落，心理失衡得不到调整，就容易导致身心疾病。

人际关系还涉及个人潜能的发展。因为人际关系好的人，表示他的感悟性好。人际关系好的孩子既能够善解人意，同情别人，又能把握住人际交往中的分寸。

世界级哲学大师西格蒙特·弗洛伊德的学生哈里·苏利万非常重视人际关系对孩子性格发育的重要性。他认为孩子的性格发育与他的人际关系总和是相等的。

男孩到七八岁时，开始脱离父母，越来越看重同学和朋友对他的态度。尽管他们的感情食粮理所当然地要从家里获得，但从朋友身上也能得到帮助。苏利万认为，儿时的友谊影响孩子的交友习惯、自尊心等，其程度几乎相当于父母的抚育和爱。相反，如果孩子失去朋友，或者不被同伴接受（尤其在上小学时），那么即使日后取得一定的成功，也会有一种不安全感和不满足感。

一些父母为孩子太"独"而发愁，他们只想着自己，不管他人。这样的性格在父母面前没问题，可到了学校，到了社会，他们怎么能够与人和谐地相处呢？孩子以自我为中心的习惯确实是个问题，如果放任不管的话，必然会影响到孩子未来的发展。因此家长应当采取措施，帮助孩子学会与人交往。

家长要为男孩营造"休戚相关"的家庭氛围。父母之间应相互体恤，乐于奉献。若男孩耳朵里听到的总是"谁干多了，谁干少了"之类的相互埋怨，男孩就只能体会到付出的痛苦，无形中他会形成"要索取不要付出"的观念。另外，还可以通过让男孩参与一些事，使其与家庭融为一体。还可以让他做些力所能及的家务，以培养男孩的合作意识。

家长还应教男孩学会分享。男孩难免都有自私的倾向，我们可以教会男孩与人分享，并体会分享的快乐。比如让男孩和小伙伴一起玩游戏就是一种分享。当然，一起玩并不是简单地凑在一块，而是共同参与一项活动。

细节83　教男孩处理好学校的人际关系

男孩对自己的认识总是以他人为镜，需要通过与他人进行比较，把自己的形象反射出来而加以认识。男孩在交往过程中，往往以同龄人为参照系，吸取更多的信息，更清楚地确定自我形象。积极的交往活动是男孩个性发展和完善的条件。

然而，现代中国儿童由于多是独生子女，与人相处的经验非常少。

经常有报道说男孩经过十年努力考上了名牌大学，但是却因为在学校不能和同学友好相处，出现了严重的人际交往障碍而不得不退学回家的事情，可想而知提高男孩的人际交往能力是一个刻不容缓的问题。与人相处的能力，其实考察的也是男孩的一种综合能力，它包括很多种因素，比如和小朋友在一起，他要考虑应该怎样和人家说话，怎么样才能够表达清楚自己的意思，怎么样别人才不会讨厌自己，不但要求有语言表达能力，还要有计划、有简单的谋略以及自身的磨合能力，想到了这些，你还能忽视男孩的人际交往能力，觉得这是件可有可无并不重要的事情吗？

世界级哲学大师西格蒙特·弗洛伊德的学生哈里·苏利万非常重视人际关系对男孩性格发育的重要性，他认为男孩的性格发育与他的人际关系总和是相等的。当然，男孩的人际关系首先开始于与父母的相处，同时也包括同龄人对他的深远影响。

家庭是男孩成长的第一个很重要的环境，给予男孩什么样的家教，男孩就会成为什么样的人，要想让男孩成为一个心理健康、性格开朗的人，那就必须重视引导男孩与同伴交往。

1. 让男孩在家庭中学会沟通

在与人交往的过程中，沟通极为重要。男孩加入的第一个需要与人交往的团体便是家庭，因此男孩在家庭中对沟通技能、方法的掌握与学习，与男孩未来社会适应能力的高低紧密相连。如果一个男孩从小在家庭中学会了与家庭成员沟通的技巧，当他走入社会时，他也能很快地与他人沟通。

2. 在沟通中学会理解

如果男孩长大成人后，不能理解他人，不能与他人建立良好的合作关系，那么即使他是一个三头六臂的超人，也不能顺利地做好每件事，只会为其自身设下许多无法逾越的障碍。所以我们认为，能够理解他人的男孩才有可能成为一个全面发展的优秀人才。所以父母应当及早打开与男孩沟通的大门，不要只是进行单向性的灌输教育，或用一味的宠爱和责骂制造男孩与父母间的沟通障碍。在沟通过程中逐渐引导男孩进行换位思考，以增强男孩理解他人的能力。

3. 尽量支持男孩与同龄人交往

儿童到三岁时就想交朋友，需要小伙伴，这就是社会性的萌芽。小伙伴们在一起，起到了"儿童教育儿童"的作用，他们逐渐了解自己与他人的区别和联系，他们开始认识到随心所欲、任性、以自我为中心，是无法与其他儿童交往的，他们必须要遵守伙伴中的"法则"，谁违背了法则就会被排挤，不受欢迎。这样，他们就逐渐从"自我"中走出来，学会了谦让和互助，了解了自己的权利和义务。

家长要尽量支持男孩共同玩耍，一起活动，特别是当男孩发生争执或打架的时候，更不要感情用事，过早干预。其实，男孩们打架是难免的，他们在打架中碰了钉子，就会意识到互相之间应该忍让、考虑一下别人的意见，为了使活动继续进行，他们很快就会解决纠纷，言归于好，从而获得与人相处的经验。

4. 引导男孩与成年人交往

在成长的时候，男孩不仅需要不同的小伙伴，也需要不同的成年人伙伴。因为这些成年人伙伴一方面是男孩学习的榜样，另一方面能从不同的角度给男孩不一样的关爱。如果男孩能有与各种年龄的成年人自由交往的机会，今后会比较适应成人社会。这些成年人能够成为男孩学习的各种榜样，从他们身上男孩能够学到不同的东西，他们与男孩的不同关系也能教会男孩对不同的对象有不同的交往方式，因此这一课对男孩来说是非常重要的。

在大的场合，有些男孩因为没有经常与成年人交往，难免会怯场。但如果平常多一些这样的锻炼机会，他们就会从容应对，自如地表现。让男孩与各种成年人交往也是男孩拓宽自己能力范围的一个很好的途径，有时甚至还能弥补父母的一些缺陷。有些男孩的父母知识程度不高，那么男孩可以通过其他有学问的叔叔阿姨们获得更多的知识。有些父母太忙了，陪男孩的时间不多，如果男孩自己有一些成年人朋友，成年人朋友能像长辈一样地关怀男孩，就能填补男孩情感上的一些空白。

著名教育家苏霍姆林斯基曾经说过："要使男孩们从小就懂得和领会到：他的每一步、每一个行动都会在他身边的人——同学、父母、教师和"陌生者"的精神生活引起反响。只有当他不给别人带来灾难，不欺负和扰乱别人时，才能成为一个生活得平静而又幸福的人。"

建议一：告诉男孩老师并非故意找你茬

老师是男孩人生的指路人，是陪男孩走过青春的朋友。所以，自古以来"良师益友"的关系即被人们所推崇。不过，还有"严师出高徒"的说法，严厉的老师对男孩管教会更严些，有时还会出现骂人的情况。很多男孩子觉得被老师骂很没面子，觉得是一件丢人的事。

男孩随着生理和心理的成熟，自尊心也会很强，会很爱面子，被老师骂觉得丢脸是很正常的。不过，仔细想一想，就会发现，被老师骂其实不是丢人的事，反而是很幸运的。

调查发现，一般老师会竭力帮助每一个学生，看着每一个学生成长，但是，由于精力有限，老师对每个学生的关注程度肯定不一样。只有学习非常好或差的学生，老师才会天天盯着，被老师骂其实就是被老师关注的方式之一。倘若他没犯错的话，老师不会无缘无故地骂一个学生的，更不会骂一个敏感的青春期男孩子。所以，检查一下自己是否真的做错了事，及时改正，这是老师对自己的负责，自己也要对自己负责。不能曲解老师的本意，否则对自己的成长是有害的。

大家都知道，对某个人听之任之是不管不问的放任，如果老师这样做，肯定是一种不负责任。所以，自己犯错了，被老师骂也是一种恩惠，要珍惜老师给的改正机会，做最好的自己。

不过，如果男孩感觉被老师"放弃"了，也不要就此感到伤心难过，因为这很有可能是他误会老师了。

大多数男孩即使从外表看上去都是小伙子了，但其内心依然敏感而脆弱，他们会注意老师对他们的一言一行，他们会很在意老师对他们的态度。但是，老师面对的往往是几个班、几十个同学，老师不可能只把注意力完全放在哪一个同学的身上，很难做到每一天对每一个学生都做到细致入微的观察、关心和教育。也许老师只是暂时"忽略"了他，但是在学生看来，就往往会产生"老师不喜欢我"的恐惧和忧虑，为了一个不必要的担心忧虑很久，影响了学习和生活。

如果你的孩子遇到了"老师不喜欢我"的难题应该怎么办呢？

要告诉孩子，作为学生，我们要相信老师对每一个学生都是一样的。如果他还是感觉老师不喜欢他，那么就主动找到老师，向老师问明情况和原因，这样他的困惑就会迎刃而解了。大多数的情况是老师并没有不喜欢他，只是没顾上他，因为老师不是仅有他一个学生，还有其他学生。

告诉孩子，遇到问题，首先要做的是主动想办法去解决问题，而不是一个人偷偷躲起来胡思乱想。

建议二：学会接受同学的帮助也很重要

帮助他人，是一种美德。接受他人的帮助，同样也是一种美德。帮助他人，意味着一方付出好意，另一方接受好意，是两个人之间的一种联系、接触。要想形成这种关爱关系，无论付出的一方还是接受的一方都要满足某些条件。

有这样一个故事：

大学生小潘暑假返校的过程中，被扒手偷走了钱包。小潘没有钱吃饭，又累又饿。坐在他对面位子的一位好心人发现小潘不对劲，问清情况后，要请小潘吃饭。小潘想现在世道这么乱，坏人多，不能随便接受他人的好意，谁知道他是不是坏人呢？

小潘饿得难受，好心人怎么邀请，他都冷淡地拒绝了。

好心人在路上的小站下车了，下车前给小潘塞了一张纸条，纸条里夹着50元钱。那张纸条上写着："帮助他人是一种美德，接受帮助也是一种美德。拒绝他人的帮助会伤害一颗善良的心，要懂得如何接受别人的帮助。"

握着手里的50元钱，望着纸条上温暖的字句，小潘的眼眶湿了。

在生活中，我们常常会遇到这种情况，有一方付出了关心和爱，另一方却感受不到这份关怀，拒绝接受，甚至抱怨。在学校里，老师很认真负责地管教顽皮的男孩，男孩颇不以为然，甚至还认为老师唆，很是抱怨。

相比之下，婴儿在接受他人的好意方面比这些半大小子要做得好！我们看到母亲在逗弄婴儿的时候，婴儿会积极地给母亲以各种回应，他会用亮闪闪的眼睛盯着妈妈，用肉肉的小嘴儿发出喃喃的声音，或是扭动身体，或是给妈妈一个微笑，让妈妈心中也充满了愉悦的感觉。这种交流，是母婴关系中必不可少的。很显然，母亲对婴儿而言是非常强势的，能给婴儿各种各样的帮助，但是婴儿能帮助母亲做什么呢？母亲会在这种单方面的照料中找到乐趣，就是因为婴儿对母亲的爱给予了积极的回应，让母亲在心灵上得到了莫大的满足。

家长要让男孩明白，如果在有人帮助我们的时候，我们也能积极地给予回应，那么，不但我们自己能得到有力的帮助，对我们伸出援手的那个人，也会感到快慰而满足。

一些家长怀有故事中小潘的想法，怕坏人虚情假意，怕孩子上当受骗。确实，现在的社会并不完美，我们在与人接触时要有所保留，不能将一颗心全面敞开。但是，人类的心灵虽不完美，却也不是一无是处，为什么不给一颗充满善意的心一个发光的机会呢？善良的内涵，一方面是能帮助别人，一方面是能坦然地接受他人的帮助，不让那颗想温暖你的心灵受伤。

让男孩做一个乐于助人的人，也要让男孩做一个乐于接受他人帮助的人。自己热衷于善行，也要给他人一个行善的机会。

细节 84 帮助男孩融入校园环境

学校是男孩们学习知识、学习如何与人相处的地方，家长希望孩子过得快快乐乐的，但是，时不时地会有一些烦心事发生，让男孩愁眉不展。家长应该多和男孩聊聊天，问问男孩在学校遇到了什么问题，及时帮助男孩解开心中的疙瘩。

有的男孩担心同学们不喜欢自己，家长要告诉孩子，每个人都有自己的个性，不同个性的人会欣赏不同的人。如果同学们都不喜欢他的话，说明他的性格里存在着一些不足，那么就要检查自己个性里的不足，来获得同学的喜欢了。

其实，个性没有好与坏之分，但是有些方面会让人不喜欢，比如过于自私等。不被同学喜欢是一件非常痛苦的事，在学校的日子是学习科学文化知识的关键时期，如果和同学关系不好的话，肯定会影响情绪，会出现消极的心理，孤独感和失落感都会找上门来，长期下去，还会导致抑郁。改变这种现状，男孩要从以下几个方面做起：

第一，学会融入同学。要避免过于孤僻，不要一个人躲在角落里，要积极主动地融入同学之间，多参加同学之间的活动，做一个善于协调的人，让同学因你的存在而感到轻松快乐。

第二，多向人缘好的同学学习。多和人缘好的同学交往，用心学习他们招人喜欢的长处，并把它运用到自己的交往里。从而学会和不同个性的人打交道，并真诚地接纳他们。

第三，多参加活动，培养自己的性格。一个人如果性格过激或过于自我的话，就会缺少朋友。可多参加集体活动，为集体做些有意义的事情，让自己找到自身价值的所在，增加自己的自信，做阳光的青春期男孩，为其他同学带去青春的色彩。

总之，男孩没有必要为人际关系而不安，只要努力改善自己的性格、用真诚打动同学，是能成为被同学喜欢的人的。

建议一：告诉男孩不要屈服于暴力

校园原本是一个学习的安全地带，也是一个同学间友谊丛生的花园，但是身处其中，依然有种带有伤害性的势力需要每一个孩子去警惕，那就是校园暴力。

为了更好地保护自己，男孩一定要学会一些应对技巧，以便在遇到危险时及时处理。下面的这个男孩的做法就可以成为参考。

杜鹏家里很有钱，他平时吃的、穿的、用的都比别人要好一些。这天，杜鹏下午放学后，独自一人往家走。刚出校门，几个经常小偷小摸的高年级同学盯上了他，并装模作样地对他说："杜鹏，走，咱们不是说好了要去踢足球吗？"另一个同学小声说："别说话，跟我们走，否则后果自负。"杜鹏无奈，只好让他们拉着来到一条偏僻的街道。

杜鹏看看四下无人，这些人又虎视眈眈地望着他，不禁有些害怕。这时，其中一个长得比较凶的同学冲着他说："小同学，穿得挺好嘛！家里挺有钱吧？哥们儿我这几天缺钱花，跟你借点儿，行吗？"杜鹏心想照眼下形势，不给他们是过不了关的，就用心记下了他们每个人的特征，把自己身上的钱给了他们。

那个比较凶恶的同学说："小兄弟，不错嘛，挺识相的。不过，你要是把今天这事说出去的话，小心你的命。"说完狠狠瞪了他一眼，然后离开了。

杜鹏回家后就把这件事告诉了爸爸妈妈，并随爸爸妈妈到公安机关报了案。没过几天，那几个高年级同学就受到了相应处分。

杜鹏遇到高年级同学勒索钱财时的做法很妥当。面对"小霸王"，首先不要害怕，勇敢地应对，可大声呼喊同学和老师，寻求帮助，要随机应变，不轻易妥协。应以人身安全为准则，在寻求解脱困境不成时，可以把钱给对方，然后用心记住对方的特征，事后向老师、家长报告。

当校园"小霸王"碰巧是男孩认识的人的时候，不妨先主动接纳他，不要把他当成人人唾弃的小霸王，尊重他，努力地发掘并赞扬他的优点，不卑不亢地与他相处，并帮助他，这样或许可以为你赢得一个朋友。毕竟许多学坏的同学内心都是向善的，只是受了某些因素影响而暂时误入歧途。当然，首先要保证对方处在学校、社会的教育控制之下。如果对方被利益迷惑了自我，且已不顾一切行为的后果，则应坚决地把这种事交由老师、警察处理。

这里有一些方法能够教男孩如何正确面对校园暴力：

1. 上学放学时同学们最好结伴而行，遇到危险时要团结一致、互相帮助。

2. 不随意花钱，不张扬用钱，在培养勤勉、节俭美德的同时，淡化勒索者的注意力，避免"恶少"纠缠。

3. 处于险境，紧急求援。当自己无法摆脱坏人的挑衅、纠缠、侮辱和围困时，立即通过呼喊、打电话、递条子等适当办法发出信号，以求警察、老师、家长及群众前来解救。

4. 千万不要跟对方"私了"，不要私下一个人赴"恶少"的"约会"，以免遭到他们的伤害或长期欺压、纠缠。

告诉男孩，面对校园"小霸王"，不要硬碰硬，这样往往容易使自己吃亏甚至受伤。面对校园暴力，要不卑不亢，机智应对。即使自己真的应付不了，那也不是自己的错，不需要隐藏，而要在事后及时地寻求家长或老师的援助，这样才能够让自己尽快地走出困境。

建议二：相信男孩凭自己就可以处理学校里的矛盾

在校园里，男孩子是朝气蓬勃的一群，是敢作敢当无畏无惧的一群，家长和老师往往容易忽视的是，他们也是敏感多思的一群。随着年龄的增长，男孩子会特别的注意别人对自己的看法，担心自己哪点做得不好会被人误解。

误解是指认识与对象的不一致，由于认识上的错误导致意思表示与内心意志不一致。而人们之间的误解是彼此理解的偏差，被误解就是被别人错误的理解，这种错误的理解还有可能导致隔膜。

马默是班里的数学课代表，可是他发现班里的同学并不喜欢他，一些男生还明显表现出了敌意。马默认为自己没有什么地方做得不好，他不知道问题出在哪里。

其实，问题不出在马默身上。对于学生来说，中学是学知识的关键时期，所以课代表的职务也显得异常重要。但是，很多男孩子不喜欢课代表，课代表成了不受欢迎的代名词。

课代表一般都是班里成绩比较好的学生担任，这样有助于帮助学生提高学习成绩。课代表的职务最重要的就是负责收发作业，及时向老师汇报同学学习情况，督促学生完成老师布置的作业题，配合老师的工作等等。由此，我们能看出课代表为什么不受欢迎了。课代表和老师走得比较近，学生会担心课代表会不会向老师汇报自己不好的情况，所以，会比较担心。另外，课代表会一直督促着同学交作业，繁重的作业让学生焦头烂额。所以，会有学生不喜欢课代表，其实是间接的害怕学习。

其实，马默并没有错，男孩子不喜欢课代表，要从自身找原因，比如，自己上课是否认真学习了，或者作业是否按时完成了等。如果男孩各方面做的都比较好的话，就不会不喜欢课代表了，甚至还会盼着课代表带来老师的反馈信息。

发现了这一情况后，马默心里踏实了许多。他会更多地与同学交流相关情况，让同学了解自己并不是老师的"小探子"，慢慢的大家对马默的态度有了不小的改观。

渐渐长大的男孩是非常敏感的，他们渴望被理解，又害怕被误解。而这种误解又常常发生。青春期里的男孩常见的误解可以分为同性之间的误解和异性之间的误解。一般来说，同性之间的误解比较容易化解，而异性之间的误解则不容易。因为，到了青春期，男孩子和女孩子都敏感得很，一旦误解产生，女孩子又往往拒绝沟通，男孩子会显得手足无措。

在学习和生活中，和同学、老师等打交道时，产生误解是很正常的。告诉你的孩子，如果被误解不要心事重重，不要置之不理，不要首先抱怨别人，要先反思一下自己哪儿做得不够好，然后再真诚地去向别人解释清楚，或者用自己的实际行动改变自己的形象，让别人了解到真实的自己。

洛克菲勒曾说过："假如人际沟通的能力也是同糖或咖啡一样的商品，我愿意付出比太阳之下任何东西更高的代价购买这种能力。"所以，学会和他人沟通是很有必要的，青春期的男孩子一定要学些沟通的技巧，让沟通成为一种享受。

不过，男孩们一般不会遇到什么很深的不可化解的误解，在最纯真的校园生活里，拿出一颗真心，对待每一个人，也不会有什么不可化解的矛盾。

第十四章　习惯收获性格，性格收获命运——优秀男孩必须养成的个性习惯

细节 85　习惯制胜

俄国著名的教育家乌申斯基给了我们一个形象的解释。他说："良好的习惯是人在其神经系统中存在的资本，这个资本是不断增值的，而男孩在其一生中会享受它给自己带来的利息。"

教育就是培养好习惯，那么父母在家庭教育男孩的过程中应该培养男孩那些习惯呢？教育专家给家长的意见如下：

1. 要养成社交好习惯

人从一出生起就开始了人际交往，没有一个人能隔开与外界的交往、沟通而独自生存下去。良好的交往和沟通能力，能让男孩的生活锦上添花。

因此，父母要鼓励男孩不要害怕与人交往，在平时注意养成各种与人交往的好习惯，比如见到邻居和周围的人要主动与他们打招呼；多给朋友们打电话；不要只玩别人的玩具，也应该学会拿出自己的东西与别人一起分享……

2. 要养成做事好习惯

很多的男孩总是事事依赖大人，做什么都以自我为中心，在父母看来这些孩子永远都长不大，那是因为他们还没有养成正确做事情的好习惯。

正所谓方法为王，方法决定他们做事的效率和效果。找到正确的做事方法并让它变成习惯，会让男孩终生受用。

要想男孩成为一个怎样的人，就需要在今天培养起怎样的习惯。养成良好的做事习惯，他们就能学会自己管理自己，有条不紊地做好每件事。

3. 要养成修身好习惯

孔子在《论语》中提到："少小若无性，习惯成自然。"意思就是说，人的本性是很相近的，但由于习惯不同便相去甚远，小时候培养的品格就好像是天生就有的，长期养成的习惯就好像出于自然。

在每个男孩的成长过程中，或多或少会有一些坏习惯，比如"说谎""偷窃""打架斗殴""骂人"，等等。这些对自身成长非常不利，必须及早改掉。千里之堤，溃于蚁穴。不要对坏习惯放松警惕，坏习惯如同潜伏在他们人生中的蛀虫，会吞噬掉他们的美好未来。

4. 养成安全好习惯

父母必须让他们明白，现实中绝大多数的危险、意外是不可预料的，没有人能够绝对、完全地避免风险，他们只有学会一些紧急防护知识和应急措施，使他们能够在危险、意外来临时，竭尽全力、镇静从容地应对，尽量减少伤害，及至安全脱身。

5. 要养成学习好习惯

有这样一个口号："活到老，学到老。"学习已经成为每个人生命中的大事。男孩在平时学习中，对于他们自身而言，学会课前预习、学会记笔记、按时独立完成作业、学会自己搜集资料、把阅读当成乐趣、经常课后整理和复习、寻找适合自己的学习方法等等都是学习好习惯的表现。

只要他们每天学习一点点，每天进步一点点，每天收获一点点，就会发现自己因学习好习惯而获得的快乐！

建议一：告诉男孩知道并要做到，才能成就美好人生

上文中提到的男孩要养成的好习惯，应该深入男孩的心中，这些都是一个优秀男生必备的习惯。父母不但要让他们知道这些习惯，更要在日常的行为中落实，否则只能是纸上谈兵，毫无意义。

有一位名叫西尔维亚的美国女孩，她的父亲是波士顿有名的整形外科医生，母亲在一家声誉很高的大学担任教授。她的家庭对她有很大的帮助和支持，她完全有机会实现自己的理想。她从念中学的时候起，就一直梦寐以求地想当电视节目的主持人。她觉得自己具有这方面的才干，因为每当她和别人相处时，即便是生人也都愿意亲近她并和她长谈。她知道怎样从人家嘴里"掏出心里话"。她的朋友们称她是他们的"亲密的随身精神医生"。她自己常说："只要有人愿给我一次上电视的机会，

我相信我一定能成功。"

但是，她为达到这个理想做了些什么呢？她什么也没做，她在等待奇迹出现，希望一下子就当上电视节目的主持人。

谁也不会请一个毫无经验的人去担任电视节目主持人。而且，节目的主管也没有兴趣跑到外面去搜寻天才，都是别人去找他们的。

而另一个名叫辛迪的女孩却靠着扎实的行动实现了自己的理想，成了著名的电视节目主持人。辛迪没有可靠的经济来源，她白天去做工，晚上在大学的舞台艺术系上夜校。毕业之后，她开始谋职，跑遍了洛杉矶每一个广播电台和电视台。但是，每个地方的经理给她的答复都差不多："没有几年经验的人，我们是不会雇用的。"

但是她并未退缩。她一连几个月仔细阅读广播电视方面的杂志，最后终于看到一则招聘广告：北达科他州有一家很小的电视台招聘一名预报天气的女孩子。

辛迪在那里工作了 2 年，后来在洛杉矶的电视台找到了一份工作。又过了 5 年，她终于得到提升，成为她梦想已久的节目主持人。

实际上成功最大的敌人，就是习惯等待明天，而不去立即行动。对于养成良好的学习习惯也是如此，如果只停留在知道的层面上，不去积极地改变和努力养成，对于成就美好的人生是没有丝毫意义的。

建议二：纠正男孩骂人的不良习惯

说脏话、骂人是一种不文明的行为，是缺乏教养的表现，它直接影响到人与人之间的交往。这种不文明的行为发生在孩子身上，不外乎以下三种情况：

第一，学着说脏话。没有是非观念，是儿童的特点。"别人骂，我也跟着骂"，是孩子学骂人的一种普通心理。作为父母，要分清孩子是跟谁学的，然后进行有针对性的教育。

孩子刚学说话，好奇心强，有一种情不自禁的模仿本能，偶尔听见别人说一句脏话，他并不知道这句话的意思就跟着学了。父母切忌觉得挺好玩而故意引逗他或哄然大笑，这样会强化他的这种行为；而应该告诉他："这句话是骂人的话，不好听，宝宝不学。"把不文明的行为消灭在萌芽状态中。

有的父母平时不太检点自己的言行，孩子受其影响，也学会了说粗话。这样的父母首先要提高自己的修养，严于律己，从头做起，为孩子营造文明、礼貌的语言环境；其次通过讲故事、做游戏等形式教会幼儿学用礼貌用语。如果父母偶尔再犯，那么就应该坦诚地跟孩子检讨："刚才是由于不高兴，说出了那句话，我们是不对的，你也不要学，今后我们谁都不说这种话了。"

孩子生活在社会的大环境中，难免受到各种不良言行的影响，说粗话也是如此。父母对此要采取一些相应的防范措施：一方面要尽量让孩子避免接触周围不良的语言环境，让他们听不见脏话，学不到脏话；另一方面又要增强孩子的"免疫"力，教孩子明辨是非，告诉他们，骂人、说粗话是不文雅的行为；另外，父母要关注孩子周围小伙伴的情况，为孩子选择讲文明、懂礼貌的伙伴，以减少相互学骂人的机会。

第二，被迫骂人。这种情况一般发生在小伙伴之间：发生了矛盾，以牙还牙，受了欺负，借骂人来发泄自己的不满……这时父母千万不能劈头盖脸地训斥一通，或袒护自己的孩子，而要耐心地进行说服教育，教孩子用谦让的态度来解决小伙伴之间的纠纷，并应明确表态。孩子怕失去父母的爱，怕失去小伙伴的心理，会促使孩子改掉自己的不良言行。

第三，习惯骂人。"冰冻三尺，非一日之寒。"出口成"脏"的孩子虽为数不多，但影响不好。对这样的孩子，应采用暂时的冷漠，不理睬他，以不高兴的脸色、严厉的语调等来对待，这些都会帮助孩子明辨是非，抑制、减少他的不良行为，从而建立良好的行为规范。不良行为一旦成了习惯，克服它是要有一定的过程的，在帮助孩子纠正骂人的坏习惯时，也可以鼓励孩子通过努力改掉坏毛病。例如，可把"不骂人"列入"一天行为要求"中，如果孩子做到了，就一定要表扬，坚持下去，定会有成效。

要想从根本上杜绝孩子骂人的行为发生，首先要教育孩子懂得尊重他人。平时，家长要有意识地向孩子介绍每个亲朋好友的职业、性格、优点，鼓励孩子学习他人的优点。家长也要培养孩子谦虚谨慎的好品格，不骄傲自满，不以自己的长处比他人的短处，让孩子明白"金无足赤，人无完人"的道理，正确看待他人的缺点和不足，绝不拿他人的过失或不幸当笑料。同时，更重要的是要在日常生活中训练和督促孩子尊重他人。例如，上学时主动向老师同学问好；遇到熟人热情打招呼；请人帮助要先用礼貌称呼，再说明事由，事后要道谢，家中来客人要热情迎送等。

细节 86　男孩的好习惯是训练出来的

要孩子形成一个好的习惯，家长就要先有一个好心态，不要期望着今天告诉孩子应该怎么做，明天孩子就能如你所愿表现出你所期望的行为。家长要明白"欲速则不达"的道理，要有充分的耐心，加上科学的方法，才能帮孩子养成良好的习惯。

行为心理学研究表明：21 天以上的重复会形成习惯；90 天的重复会形成稳定的习惯。即同一个动作，重复 21 天就会变成习惯性的动作；同样道理，任何一个想法，重复 21 天，或者重复验证 21 次，就会变成习惯性想法。所以，一个观念如果被别人或者自己验证了 21 次以上，它一定已经变成了你的信念。这正是人们常说的"21 天习惯养成法"。

"21 天习惯养成法"把习惯的形成大致分三个阶段：

第一阶段：1～7 天。此阶段的特征是"刻意，不自然"。你需要十分刻意提醒自己改变，而你也会觉得有些不自然，不舒服。

第二阶段：7～21 天。不要放弃第一阶段的努力，继续重复，跨入第二阶段。此阶段的特征是"刻意，自然"。你已经觉得比较自然，比较舒服了，但是一不留意，你还会恢复到从前。因此，你还需要刻意提醒自己改变。

第三阶段：21～90 天。此阶段的特征是"不经意，自然"，其实这就是习惯。这一阶段被称为"习惯性的稳定期"。一旦跨入此阶段，一个人已经完成了自我改造，这项习惯就已经成为他生命中的一个有机组成部分，它会自然而然地不停地为人们"效劳"。

中国青少年研究中心副主任、著名青少年研究专家孙云晓研究发现，培养良好习惯一般需要六个步骤：认识习惯的重要、制定行为规范、榜样教育、持之以恒的训练、及时评估引导、养成良好的集体风气，其中，最重要的一步就是：持之以恒的训练。可见，好习惯都是训练出来的。

家长不妨采取"21天习惯养成法"，对孩子加以训练，循序渐进，培养孩子的好习惯。举例来说，如果孩子在学校比较胆小、不爱积极回答老师的问题，家长可以给孩子进行阶段性的训练，帮助孩子进行完善：

第一阶段训练：由爸爸充当老师，孩子和妈妈当"学生"，回答"老师"提出的问题，孩子每次主动举手发言一次，可以奖励1分，当累计到20分的时候，可以得到爸爸妈妈给的一份奖励。

第二阶段：请几个孩子的同学来家里，由妈妈来当"老师"，几个孩子一起上课，回答"老师"提出的问题。

第三阶段：把"老师"换成家里的其他亲戚或者朋友，给孩子和爸爸妈妈一起上课，回答"老师"的问题。

当孩子当着同学和其他人的面也敢于主动举手回答问题时，他也就在不知不觉中改掉了上课不敢回答问题的习惯了。

训练的方法还有很多，要因人而异，因材施教，要根据孩子的不同的年龄，不同的性格气质采取不同的训练方法，这样才能达到事半功倍的理想效果。

建议一：在快乐的心情中养成好习惯

人总是有趋善、趋乐的趋势，总是向着一种喜欢的、有兴趣的、感觉好的方向走，趋利避害，孩子更是如此。夏洛特·梅森说：我们对孩子的态度，决定着我们和孩子的关系。让孩子高兴就是养育孩子的原则。如果孩子快乐，他在很大程度上就会成为好孩子。

家长无论做什么，都要让孩子始终保持快乐的心情，否则就会让孩子失去快乐的感觉，以及在他们身体中保持的一些力量和新鲜感。青少年是人生最快乐最美好的时期，但同时也是最脆弱最天真的时期，家长要尤其注意保护好孩子的快乐，让孩子在快乐中学习、成长。

哈佛大学的心理学教授、教育家塞德兹教授就十分注重对孩子的快乐教育。在有一次旅行中，小塞德兹就毫不费力地掌握了一个物理学原理。

坐在火车车厢里的小塞德兹指着窗外说道："那些树木在飞快地向后面跑，爸爸。"

"不，那不是树木在向后跑，而是我们坐的火车在向前跑。"塞德兹笑着对儿子说。

"不，我认为我们坐的火车并没有动，而是窗外的树木在动。"儿子天真地说，"因为我在这儿坐了很久了，并没有发现火车有什么变化，反而发现外面的东西都变了。这不是说明窗外的东西在动还能说明什么？"

"那么，假如现在你不在火车上而是在窗外的话，你会怎么想呢？"

"这个嘛……"小塞德兹想了想说,"一定是我也会向后跑,就像那些树木一样。"

"你能够跑那么快吗?"

"是呀,我能跑那么快吗?这可有些奇怪了。"小塞德兹充满疑问地说。

"虽然你不能回答这个问题,但我仍然向你表示祝贺。"

"什么?祝贺我什么?"

"你今天发现了一个物理现象,当然应该祝贺啦。"

"我发现了一个物理现象?"儿子不解。

"你刚才发现的,正是一个参照物的问题。"于是,塞德兹耐心给他讲解,"你之所以说窗外的树木在向后跑,是因为你把火车当成了参照物,也就是说相对于火车来说,树木的确是向后移动了。反过来,如果把树木当成参照物,火车就是向前跑了。"

"噢,我明白了。怪不得我会认为火车没有动呢!这是因为我把自己当成了参照物。火车带着我向前行驶,我们一起在运动,当然就不会感到它也在动!"小塞德兹说道。

"那么,把你放在窗外会有什么效果呢?"塞德兹问道。

"嗯,假如我站在窗外的地面上并以我自己作为参照物的话,火车就是运动的了。"小塞德兹回答道,"假如仍然以火车作为参照物的话,我就是和树木一样在向后飞跑了。"

"那么,你能跑那么快吗?"塞德兹又一次问道。

"当然能,因为这是相对的,火车能跑多快我就会有多快。"

这样类似的讨论在塞德兹父子之间发生过许多许多次，也正是这种看似闲谈般的讨论使小塞德兹在轻松和有趣之中学到了那些在书本上显得极为晦涩的知识。

同样，家长在训练培养孩子行为习惯的时候也应如此，切忌让训练成为孩子的一件"苦差事"，要时刻谨记让孩子在快乐的心情中得到体验，获得成长。

家长要想出一些巧办法，让孩子在快乐的心情下接受训练。比如要培养孩子热爱家务劳动的好习惯，就可以让孩子帮忙洗碗，开始的时候如果家长不引导，孩子就有可能只能感受到洗碗会造成满手的油腻，很不舒服，因而对洗碗会产生抵触的情绪。但如果在孩子洗碗的过程中，父母在一旁及时给予适度的表扬，诸如"一点不怕脏，真棒"、"东西收拾的真干净"，那么孩子就会从大人那里得到极大的快乐和满足，而这些快乐和满足就完全取代了因为洗碗把手弄油所造成的厌恶和痛苦，孩子今后就还会持续地主动做出同样的行为，形成热爱家务劳动的好习惯。

建议二：男孩需要妈妈更多的耐心和信任

伟大的教育家井深大说："在教育这件事上，不要着急，既然播下了种子，就应该耐心等待。"可见作为养育孩子的父母就应该付出更多的耐心。由于男孩的生理和心理特质跟女孩不同，他们在各方面的发育相对于女孩来说比较的迟缓，所以父母就需要在他们身上花费更大的耐心和信任。达尔文就是这样在母亲的耐心养育下成功的。

达尔文的母亲苏珊娜是一个有见识、有教养的妇女，她承担了教育子女的神圣职责。她不但教达尔文唱歌、跳舞，让他在一种自然的环境中找到自己的乐趣，呵护他的好奇心，耐心解答他提出的每一个问题。从来不对他们提出的"傻"问题横加指责。

有一年夏天，苏珊娜带着达尔文兄妹俩在花园里玩耍。孩子们采了一些花儿，又去捕捉蝴蝶。苏珊娜拿起花铲给刚栽的几棵树苗培土。她铲起一撮乌黑的泥土，轻轻闻了闻，然后把它培在小栗树的树根旁。

达尔文好奇地问道："妈妈，您为什么要给树苗培土？"

妈妈回答道："我要树苗和你一样壮实地成长，树苗离不开泥土，就像你离不开食物。"

"为什么树苗离不开泥土啊？"

"因为泥土是万物成长的基础，有了它我们才能看到郁郁葱葱的树苗，才能有粮食，才能有蔬菜。这些都是在泥土中长出来的啊！"

"那么泥土里为什么长不出小猫和小狗呢？"达尔文开始刨根问底了。

苏珊娜笑着对达尔文说："小猫和小狗是猫妈妈、狗妈妈生的，是不能从泥土里长出来的。就像你一样不是泥土里长出来的，而是从妈妈肚子出来的一样。所有的人都是他们妈妈生的。"

"那么，最早的妈妈是谁，她又是谁生的？"

"听说最早的妈妈是夏娃。她是上帝造的。"

"那上帝是谁造的呢？"

"亲爱的，世界上有很多事，对于我，对于你爸爸，对于所有人来说，都还是个谜。等你长大了，用你的知识就会找到答案了。"

就这样，妈妈的耐心保护了达尔文的好奇心，为他日后的成功打下了坚实的基础。俗话说："十年树木，百年树人。"教育孩子也不是一朝一夕的事情，做父母的一定要有足够的耐心，才能将其培养成才。这就告诉家长，要反思自己在教育中急于求成的行为，不要急于谋求教育的成果。

例如当我们给婴儿读画册并让他去听的时候，我们不能指望婴儿能给我们谈什么感想。

对婴儿的教育可能会进行很长时间后才能看到效果。这样一来，可能会使家长产生误解，他们认为：教给小孩子知识是白白浪费工夫。井深大提醒家长们，正是因为他们的这种看法才造成了以往教育的重大过失。

我们经常能看到母亲考问孩子的情形。当父母在教孩子读音的时候，他们会这样问孩子："那个字，你知道怎么读吗？"如果通过考问能增加孩子的兴趣固然是一件好事，但是这种想知道孩子是否真正记住的心思则是不可取的。因为，如果大人急于求成，孩子好不容易萌发的好奇心就会受到打击。

等孩子有了理解能力，他就自然而然地理解了以前所记住的"材料"。而且，这种理解不能强求，而只能靠孩子自身的能力去实现。井深大提醒家长们，母亲在和婴儿接触时，应该看到婴儿具有旺盛的吸收能力，而不应该只图眼前的效果。

有一个感觉非常幸福的母亲，经常有朋友这样问她："你有什么好的教育方法，能把儿子培养得这么优秀？"

这位母亲说，她只有一句话秘诀："平时，我只要告诉孩子，妈妈相信你，你能行，你是最棒的！"这位母亲还说，她从来没有刻意地去塑造儿子，儿子自己能做的事情尽量让他自己做。比如自己穿衣，自己吃饭。虽然经常出错，但她经常微笑着鼓励他，没关系的，你能行的！

让男孩相信他们自己能行，是成长路上不可缺少的一种心理品质。生活中，家长一句"孩子你能行"，其实是对树立孩子自信心的一条有效途径。

有时候很多家长抱怨，现在男孩一旦做什么事，动嘴行，动起手来一塌糊涂。仔细一分析，这里面的原因和家里包办过多有关，导致他们几乎没有动手实践的机会。一些家长之所以从小不让孩子做事，是担心他们做不好，会添乱子，久而久之，就养成了懒得动手的毛病。如果家长能从小就锻炼他们的能力，经常鼓励孩子"你能行"，让孩子有充分施展的空间，让他们在体验成功中树立自信，这将是他们一生享用不尽的财富！

细节 87　懒惰的男孩要不得

懒惰就是寄成功的希望于幻想，从而渴望不劳而获。懒惰的人总是被外界逼迫着做事，在被动中遭受着"不得不"的折磨，在空虚中享受着自欺欺人的舒适。懒惰是男孩人生的腐蚀剂，它使原本甜蜜的生活变得苦涩，使原本光彩的人生变得晦暗。使他们的许多理想、目标、规划、希望、追求，因为懒惰而变得遥遥无期，无法实现。

天下的父母都不希望自己的孩子在懒惰中堕落，尤其是对将来在生活中担当重任的男孩来说，懒惰无疑是成长的绊脚石。所以，父母要根据懒惰男孩的行为，督促他们改掉这个坏习惯。懒惰男孩在生活中的表现如下：

（1）能从事自己喜爱做的事，不爱从事体育活动，心情也总是不愉快。

（2）整天苦思冥想而对周围漠不关心。

（3）日常起居无秩序，无要求，不讲卫生。

（4）常常迟到、逃学且不以为然。

（5）不能专心听讲、按要求完成作业，文具常不配齐。

（6）不知道学习的目的，不能主动地思考问题。

（7）奢侈浪费，花父母的钱大手大脚。

（8）不思进取，每一天得过且过。

在日常生活中，父母应该怎样帮助男孩改变他们懒惰的习惯呢？父母可以建议男孩从以下几方面着手：

1. 不满足于现状，保持一颗进取心

进取心是一种永不停息的自我推动力，它会使他们的人生更加崇高。拥有进取心之后，那些不良的恶习就没有滋生的环境和土壤，久而久之，懒惰的习性就会逐渐消失。

2. 学会肯定自己，勇敢地把不足变为勤奋的动力

学习、劳动时都要全身心投入争取最满意的结果。无论结果如何，都要看到自己努力的一面。如果改变方法也不能很好地完成，说明或是技术不熟，或是还需完善其中某方面的学习。扎实的学习最终会让你成功的。

3. 做一些自己感兴趣的事

不要只看结果如何，只要这段时间过得充实就该愉快。

4. 激发学习兴趣

兴趣是勤奋的动力，一个人对某项事物产生了兴趣，便会积极主动地投入，消除怠惰。

一个人的发展与成长，天赋、环境、机遇、学识等外部因素固然重要，但更重要的是自身的勤奋与努力。没有自身的勤奋，就算是天资奇佳的雄鹰也只能空振双翅；有了勤奋的精神，就算是行动迟缓的蜗牛也能雄踞塔顶，观千山暮雪，渺万里层云。成功不单纯依靠能力和智慧，更要靠每一个人自身孜孜不倦的勤奋

努力。

建议一：男孩别当拖拖拉拉的"小蜗牛"

"明天，明天，还有明天"，很多人总是在这样的自我安慰中度过一个又一个今天，殊不知，时间不停息地奔赴终点，当你把今天应该完成的事拖到明天去做时，这个"明天"就足以把你送进坟墓了。

每个人的生命都是有限的，父母应该让男孩明白：当拖延成为他的习惯时，死神也就在不知不觉中来临了。他可以给自己时间，但生命却不会给他时间，正如中国古代诗人李商隐所吟诵的"人间桑海朝朝变，莫遣佳期更后期"。

男孩子拖延自己的时间，往往有三分之一的原因是自我欺骗，另外三分之二是逃避现实。之所以坚持自己这样的拖延行为，还因为他自己从中得到了一些"好处"：通过拖延，他显然可以不去做那些令自己感到头疼的事，有些事情他害怕去做，有些事情他想做又害怕行动。

欺骗自己的各种理由让他心安理得，因为他觉得自己还是个实干家，也许就是慢一点的实干家。

只要能一拖再拖，他就可以永远保持现状，无须力求改进，也不必承担任何随之而来的风险。

他厌倦生活，抱怨说是其他人或一些琐事让他情绪消沉，这样他便轻松摆脱责任，并且推卸给客观环境。他通过拖延时间，让自己在最短的时间内完成工作，如果做得不好，他会说："我时间不够！"

男孩找借口不做任何没把握的事情，以避免失败，这样他觉得自己还真不是个低能的人。

就这样，拖延成了他用来逃避的通行证，他和社会上千万人一样像草木般活着，遇到任何困难都不当机立断，任其耽误下去。

所以，一定要找到可以有效对付拖拉作风的方法：

1. 确定一项任务是否非做不可

当他们感觉一项任务不重要，做起来自然会拖拖拉拉，若是这项任务真的不重要，就立刻取消它，而不是既拖延又后悔。有效分配时间的重要一环，是取消可有可无的任务。应该从他的日程表中把乱糟糟的东西清除。

2. 把任务委托给其他人

有时候，任务是能完成的，但是他不喜欢做。他不愿意可能与他的兴趣或专长有关，这时如果他把任务委托给一个比他更适合做、更乐意做的人，那么两人就都成了赢家。

3. 确定好处与优势，立即行动起来

很多男孩往往因为看不到完成一项任务有什么好处而拖拖拉拉。也就是说，他们做这项任务时付出的代价似乎高于做完之后得到的好处。应付这个问题的最佳方法是让他从目标与理想的角度来分析这个任务。如果他有个重大目标，那他就比较容易拿出干劲去完成有助于他达到目标的任务。

建议二：帮男孩改掉丢三落四的毛病

孩子丢三落四是常见现象，男孩子比女孩子更加明显。孩子做事拖拖拉拉大手大脚，家长一边埋怨着"男孩就是不如女孩细致"，一方面跟着孩子后面查缺补漏，恨不得天天跟在孩子后面，唯恐孩子因为忘了东西而耽误事。

很多家长都有去学校给孩子送忘记带的作业、学习用具的经历吧？孩子总是匆匆忙忙地赶着上学，发现东西忘了就打个电话给爸爸妈妈，于是家长就会冒着上班迟到的风险风风火火地先赶去学校给孩子救场。但不知道家长们有没有这样的发现：给孩子送了一次东西，孩子很可能过不久还会忘记带另外一样东西，还是会打电话向父母求助……

孩子之所以丢三落四，主要有三种类型：一是态度马虎，没有听完或听清别人的话，就急急忙忙去做；二是生活缺乏条理，东西总是乱放，没有合理的秩序安排；三是记忆力较差，对事情的考虑还不周全。用一句话来说，都是由于孩子缺乏自我管理意识造成的。倘若家长事事代劳，那么孩子的自我管理能力就很难完善，也就很难改掉丢三落四的坏习惯。所以建议家长不要总是抢着为孩子的行为"买单"，有的时候，让孩子吃点苦头才是最佳的教育方法。

虽然很多家长都想要自己的孩子没有丢三落四的坏毛病，可是一到丢了东西之后，便很快地安慰孩子，并且买新的代替。其实，只有多让孩子尝尝"苦头"，孩子才能记住以后应该怎么做，从而提高自我管理意识水平。

刚刚回家后，一脸的害怕，原来他把新买的自行车又放到楼下，结果丢了。这是刚刚丢的第三辆自行车了。刚刚的爸爸知道后很生气，但话语中没有表露，只是告诉他既然这样粗心，那就自己想办法去学校吧。学校离家虽然不是特别远，但这段距离也让刚刚深深的记住了，做事情一定要细心。

一天，小磊的学校举行活动，规定要穿校服、戴红领巾。可是刚下楼不久，小磊就按对讲门铃，要爸爸给他送落下的红领巾。可是他的爸爸却一改往日快送的习惯，而是让小磊自己上楼取。上下 5 楼，对上学时间已是很紧的小磊，无疑是一个考验，但他终究没有拗过爸爸，只好自己跑上跑下，一溜儿小跑，累得气喘吁吁，还差点迟到，才弥补了自己犯下的"过失"。但是从此以后，小磊开始把"认真、细心"牢牢地放在心上，做事再也不那么粗心大意了。

要孩子改掉粗心、丢三落四的毛病，家长就要学会做个"懒爸爸"、"懒妈妈"。现在的孩子成了家中的"小太阳"，说什么是什么，即使不说家长也会帮着做好。衣来伸手，饭来张口已经成为事实，长期下去，孩子的依赖性就会很强，也就很难真正地进行自我管理。所以，家长在生活中要学会理智地"偷懒"，孩子忘了东西，家长就让他自己去拿，以此来培养儿童的独立性，放弃依赖性。如收拾书包，家长要尽可能地把这些小事交给孩子来做，让他们从小事中培养独立的习惯和责任意识。

如果孩子是因为思考不完善而导致丢三落四的话，家长可以适当地提醒孩子，但不要直接把结果告诉孩子，也不要主动帮孩子把事情补充完善。

让孩子记住一个道理：在做一件事情之前的准备过程中，一定要考虑清楚这件事情的每个环节和每个细节，不仅要全面、周全，还要考虑到一些潜在的突发情况，真正做到有备而来，才能把事情做好，不至于因为突发状况而累己累人。

细节 88　制订"删除坏习惯"计划

最近半个月，一向表现很好的侯阳在上课期间出现了注意力不集中、爱打瞌睡、目光呆滞、脸色苍白的状况，精神状态极度不佳，常拖欠作业，学习成绩也有所下降。班主任王老师观察到后，关心地问道："侯阳，马上就要期末考试了，是不是学习压力太大了，没有休息好啊！看上去你脸色不好，还是去看看医生吧！""没有，不用——不用——真的不用，王老师我没有不舒服，不用去医院。"侯阳吞吞吐吐地回答道。

一个星期过去了，侯阳的精神状态还是没有好转的迹象，学习成绩下滑得比较快。王老师决定去侯阳家进行家访。在家访中，王老师得知侯阳一回到家，就把自己关在房间里，不像往常一样帮妈妈干些力所能及的家务，常常要爸妈敲好几次门才出来吃饭。吃完饭后，放下碗筷又把自己关在房间里。王老师说道："侯阳近来精神状态不太好，现在学习任务比较重，但还是要有充足的睡眠，这样才能开始第二天的学习。"爸妈听后一脸的疑惑，忙说道："侯阳的作息时间一直没有改变，他晚上很早就睡觉了，怎么会精神状态不佳呢？"这究竟是怎么一回事呢？这样他们疑惑不解。当得知侯阳的学习成绩也有所下降时，他们决定好好地观察一下侯阳。

侯阳像往常一样，很早就上床睡觉了。爸妈也像平常一样，早早地熄了灯，但他们并没有睡，而是躲在门后观察对面房间儿子的一举一动。没多久，儿子房间发出一丝丝微弱的灯光，爸妈轻轻地走了过去，侧着身子静静地在门外听房间里有什么声响。此时，从房间里传出了"噼噼啪啪"的声音，爸妈打开门一看，只见侯阳坐在电脑前正聚精会神地玩着电脑游戏，对于爸妈的突然闯入，侯阳丝毫没有注意到，还沉浸在虚幻的游戏里。爸妈终于找到侯阳精神状态不佳的原因了。

最近一个月以来，侯阳感到学习压力大，想以玩电脑游戏作为一种释放压力的方式。没想到却从此迷恋上了游戏，常常抑制不住，甚至背着爸妈通宵达旦的玩游戏。

学习成绩下滑的事实和爸爸妈妈的劝导，让侯阳下定决心改掉自己迷恋游戏的坏习惯。

傍晚放学回家，他像往日一样帮助妈妈做家务，转移自己对游戏的注意力。晚饭过后，他帮着妈妈收拾碗筷，回到房间做好作业，预习好第二天的功课后，就和爸妈一起散步，一边散步一边谈论见到的趣事。爸爸常常和他一起下棋，陪着他练习书法，渐渐地侯阳玩电脑游戏的时间越来越短了，对游戏不再像以前那样痴迷了。他发现自己还有那么多的兴趣爱好，在转移自己对游戏的注意力的同时，更是一种修身养性。

习惯是人生的主宰，一个好的习惯让人受用一生，许多个好习惯加起来，就可以成就一个人一生的辉煌。性格决定命运，习惯作为思维、心态的反复再现而成了性格的一部分，所以我们说习惯决定命运。从小培养好习惯，改掉坏习惯，青少年的命运也将随之改变。

建议一：及早发现男孩身上的"坏苗头"

一个罪犯回忆他童年的经历：

> 有一次，奶奶带我去商店，我顺手牵羊拿了一块面包，奶奶当时看见了，她并没有责怪我，还让我带着面包快走。当我每次偷得同学东西时，奶奶都替我保密，从来没有告诉过爸爸。后来我偷了越来越多的东西，从偷同学的橡皮，到偷钱，甚至偷遍了一个社区。于是我从一块面包开始，学会了偷东西。

> 小时候，每次我和同学闹了矛盾，甚至欺负了同学，妈妈都没有表过态。就是别的同学的家长找过来，妈妈也没有说过什么。因此我认为欺负人不是什么大不了的事。我经常欺负别人，到了社会上，我更是变本加厉。妈妈看势头不好，想阻止，但已经晚了。我早就走上了一条不归路。

美国斯坦福大学心理学家詹巴斗曾进行了一项试验：把两辆一模一样的汽车分别放置在帕罗阿尔托的中产阶级社区和杂乱的布朗克斯街区。停在布朗克斯街区的那一辆车被心理学家摘掉了车牌，并且打开顶棚，结果不到一天就被人偷走了。而停放在帕罗阿尔托的那一辆，停了一个星期也无人问津。后来，詹巴斗用锤子把这辆车的玻璃敲了个大洞，结果短短几个小时，这辆车就被偷走了。

政治学家威尔逊和犯罪学家凯林以这项试验为基础，提出心理学上的一个定理——破窗定律。他们认为：如果有人打坏了一栋建筑上的一块玻璃，而这扇窗户又没有得到修复，别人就可能受到某些暗示性的纵容，去打烂更多的玻璃。久而久之，在这种公众麻木不仁的氛围中，犯罪就会滋生、蔓延。

同时这个定律也告诉我们家长，在孩子的成长过程中，如果我们对他犯下的错误不闻不问、反应迟钝或纠正不力。其后果可能更加纵容了他的这种行为。于是用不了多长时间，他就会由偷一块面包发展到偷别人的金钱，由犯了一件小错发展到犯罪，最终铸成大错。

孩子事情无小事，所有的小事对孩子来说都是大事。父母眼中的"小错误"，对当时的孩子来说，就是"大错误"。父母对这些"小事"的忽略，其实是对孩子最大的误导。

当第一扇窗户被打碎时，请及时地去修缮；当孩子第一次犯错时，请好好修复这种"小破坏"。

建议二：有步骤、有计划地删除坏习惯

习惯是最顽固最坚强的重复行为。冰冻三尺非一日之寒，男孩很多坏习惯坏毛病不是一天养成的，要克服这些不好的坏习惯坏毛病，就需要在大脑中要有一个明细的方案和备案。

1. 要充分认识好习惯的重要性、坏习惯的危害性，你才能有坚定的决心、坚决的行动去"删除"坏习惯。

2. 许多青少年面对自己的"坏习惯"没有足够的自制能力和意志，经受不住"坏习惯"的纠缠。比如无法控制网络、烟酒的诱惑等等。那种凡事都无所谓的想法，使自己偏离了健全的自我意识的轨道。青少年应根据自己的实际情况，为自己制定一个惩罚"坏习惯"的制度，通过自我努力，达到有效控制、克服坏习惯，

达到自我完善。

3. 按部就班，一步一步做起。一旦决定改变习惯，就拟定当月的目标。目标不可过大，比如有人戒酒时，就采用每天比前一天少喝一点的办法，最后戒掉。

4. 古人说，要"齐家治国平天下"须从"修身、养性"开始，即从点滴的习惯开始，行知并重。要想克服拖延的坏习惯，就必须懂得珍惜时间；要想克服懒惰的坏习惯，就必须勤奋；要想克服打架斗殴的恶习，就必须学会宽容。

5. 我们常说万事开头难，一个新习惯的诞生，必然会冲击相应的旧习惯，而旧习惯不会轻易退出，它要顽抗，要垂死挣扎。另外，我们的机体、心灵也需要时间从一种状态过渡到另外的状态，需要一个适应过程。从记忆的角度讲，人也需要不断复习新建立的好习惯，以求强化它。所以，前三天要准备吃点苦，要下工夫，要特别认真，过了这一关，坦途就在眼前。

6. 为自己找个榜样，看看成功人士是如何改掉坏习惯的。

要改变坏习惯，男孩们还可以尝试以下做法：

1. 认识到自己有什么坏习惯必须改掉。例如使你逃避问题的习惯，使家人、朋友或同学厌烦的习惯，你觉得并不能带来愉快但又不能自拔的习惯等等，都是必须改掉的坏习惯。

2. 学一点风趣、机智。让别人与你谈话都觉得很愉快，乐意听你说话。

3. 学会提问，而且问得恰当。问别人私事要适可而止，切不可追根问底。对别人关切的事能表示关怀，有诚意对他人做进一步的了解。

4. 不可装着自己什么都懂。不知道就说不知道，诚恳地问人家，更容易给人亲切感。

5. 找一些有利的新朋友。例如你要改掉暴饮暴食的习惯，就和饭量小的人一起吃饭。

6. 多参加各种各样的活动。不要把自己的快乐活动限制在你喜欢的那一、两项中。

7. 凡事不必看得太严重。从日常平淡的生活中发掘乐趣，与你周围的人共享生活的甜美。

8. 把握机会多交朋友。

9. 多想别人好的一面，少提缺点。

第十五章　告诉男孩
这样学最有效

——引导男孩快乐学习

Bu Da Bu Ma,Qiong Yang Nan Hai De 100 Ge Xi Jie

细节 89　苦学不如爱学

很多家长为孩子学习成绩不佳而头痛，为了解决这个问题，甚至不惜投入大量的时间和精力送孩子去上各种补习班，可惜效果往往并不好。有些家长甚至怀疑是不是自己的孩子有智力问题？对此家长们大可不必担心。其实，绝大部分男孩不喜欢学习，只是因为他们对功课没有兴趣而已。

兴趣是一个人求知的起点，是探寻真理的原动力，它可以使人产生无穷的力量，可以使人集中精力去获取知识，展开创造性的工作。

大科学家爱因斯坦曾说过："兴趣是最好的老师。"对学习产生了浓厚的兴趣，男孩才会积极主动地去探求知识。如果男孩对学习没有兴趣，把学习看成是一种负担、一件苦差事，自然就不会有好的学习效果。只有不断地发现兴趣、培养兴趣、创造兴趣，孩子才会越学越有趣，越学越优秀。

哈佛教授、著名的哲学家诺齐克中学的时候就对哲学产生了十分浓厚的兴趣，从此便痴迷于哲学的学习，他将主流的哲学分析方法运用于探讨自由社会的重大理论和问题，极其成功地实现了学术探讨与政治关怀的有机结合，最终成为了 20 世纪最杰出的哲学家和思想家。

英国戏剧大师莎士比亚天生迷恋戏剧，对演戏充满浓厚的兴趣，在很短的时间里，他就掌握了丰富的戏剧知识。有一次，一位演员病了，剧院的老板就让他去替补，莎士比亚乐坏了，因为有强烈的兴趣，他只用了不到半天的时间，就把台词全背了下来，演得比之前的演员还好。演了一段时间的戏，莎士比亚便开始尝试写剧本，这些剧本上演后非常受观众欢迎，他也从此开始了戏剧文学的创作生涯，终于成为文艺复兴时期最伟大的戏剧作家。

兴趣能够使我们加深记忆，好记忆又会提高学习的兴趣，形成良性循环；反之，如果对某个学科厌烦，必定会降低记忆力，以致学习受挫，形成恶性循环。所以，善于学习的人，一定也是善于培养兴趣的人。

缺少兴趣的男孩，学习往往缺乏积极性和主动性。哈佛心理学专家调查发现，学生如果对某一门功课不感兴趣，那他这门课的成绩一般都不会很好。不仅如此，缺乏兴趣的男孩，往往也缺乏持之以恒的动力和坚持不懈的毅力。只有那些拥有强烈学习兴趣的人，才会产生对知识的渴求，并不断地探索，最终走向成功。

兴趣使诺齐克一生中大部分时间都在思考着哲学问题；使罗蒙诺索夫以白干 40 天活的代价换一本算术书；使舍勒去亲自品尝氢氰酸；使列文虎克为发明显微镜而整整磨了 10 年的玻璃片；使发明柯达照相机的伊斯曼全心扑在研究上而忘记与女朋友约会，后来终身未娶……从这些人物身上，我们不难看出兴趣的巨大魅力。

学习有浓厚的兴趣，能够让人们产生强烈的学习欲望，如饥似渴、勤勤恳恳地去读书学习，全身心地投入，聚精会神地钻研，时时刻刻去思考。如此，才能不断地进步，不断地取得成功；即使遇到困难、挫折，也能以顽强的毅力去克服，相反，如果对任何事物都不感兴趣，那么自己也必将成为一个庸人。

1976 年诺贝尔物理学奖得主丁肇中用 6 年时间读完了别人需要 10 年才能完成的课程，最后终于发现了"J 粒子"，成为第一位获得诺贝尔奖的华人。有人问他："你如此刻苦读书，不觉得很苦很累吗？"他回答："不，不，不，一点儿也不，没有任何人强迫我这样做，正相反，我觉得很快活。因为有兴趣，我急于要探索物质世界的奥秘，比如搞物理实验；因为有兴趣，我可以两天两夜，甚至三天三夜待在实验室里，守在仪器旁。我急切地希望发现我要探索的东西。"

男孩只有对学习感兴趣，才能把精力集中在学习的对象上，使注意力集中，观察细致，记忆持久而准确，思维敏捷而丰富，激发和强化学习的内在动力，从而调动学习的积极性。家长们得让孩子了解这个道理，鼓励他从学习中找到乐趣，才能从根本上解决孩子的学习成绩问题。

建议一：让男孩体验学习的成就感很重要

家长在教育孩子的过程中，经常忽视一种非常有利的"武器"，那就是成就感。心理学家研究发现，成就感是一种卓越的动力，促使人有更高的追求。一个人尝到一次成功的味道，就会生出几十次乃至上百次追求成功的欲望。

曾有专家在学校里做过一个关于成就感的试验。首先组织一群学生一起上课，然后留作业。第二天，作业交上来后老师统一批改、判分，得满分的学生能得到老师热情表扬。然后老师继续讲授新内容。专家注意到，得到老师表扬的学生对学习明显充满了兴趣，再做作业时能继续保持高分，而没有受到表扬者则表现出了乏味、厌倦的态度，分数更不如前。

这个试验表明，学习兴趣与提出问题、解决问题三者之间有着密切关联。学生能从学习的成功中体验到学习的乐趣，从而产生更大的学习乐趣。如果他们在学习中得到的是失败经验，那么他们会逐渐对学习产生逆反心理，对念书产生抵触情绪。

所以家长在教育孩子的过程中，应该给孩子鼓励，而非打击。我们来看下面这个例子：

> 小雷学小提琴已经学了三个月了，天天拉空弦和一些小曲子，越学他觉得越没劲。妈妈看出了小雷的倦怠心理，趁着夏天有社区活动，为小雷制造了一次登台演出的机会。
>
> 社区晚会上，5岁的小雷为大家献上了一曲《小星星》。虽然琴声生涩，但是小雷拉得很认真，大家为他献上了热烈的掌声。
>
> 小雷下台后，妈妈给了他一个大大的拥抱，还有一个温柔的亲吻："儿子，你演奏得真动听！"旁边的小伙伴们都围上来，带着美慕的口气七嘴八舌地讲："小雷你真棒！""能不能教教我啊？"小雷感觉骄傲极了。
>
> 再练习的时候，小雷不再一脸不耐烦的模样，而是格外认真。他对妈妈说："下次我还要参加演出，我要拉更好听的曲子给大家听！"

通过一次登台演出，小雷感受到了极大的成就感，于是他学琴的态度得到了改变。小雷妈妈的做法，值得家长们深思。

通过这个案例我们不难看出，成就感对男孩感知自我能力具有积极意义。当孩子感到自己有能力完成某件事时，就会表现得更加积极主动。在生活中，家长应该有意识地培养男孩的成就感。在培养男孩的成就感时，有以下三点要注意：

第一，为男孩提供展示自己能力的机会。要夸奖孩子，让他产生成就感，先要给他展示自己的舞台。如果孩子在学习小提琴或者学习美术，可以联系一些学习同样才艺的孩子的家长，大家在一起开一个小型的演奏会或者举办一个小画展，既是一种学艺中的交流，也能让孩子将才华展现出来。

第二，让孩子完成的目标要符合实际情况。不能为孩子制定太高的目标，这样非但不能激发出孩子的成就感，还会使孩子产生畏难情绪。但是难度也不能太低，那样就失去了挑战自我、取得成就感的意义。

第三，对男孩的进步给予热情的赞扬。当孩子完成了一件对他来说具有难度的事情时，家长要不吝惜溢美之词，给孩子积极的评价。这样才能将外在的鼓励转化为内在的动力，让男孩在满腔的成就感中再接再厉。

建议二：不妨在家中营造浓郁的学习氛围

当人们走入一个特定环境中，不知不觉就会被那个环境同化。譬如，当我们走进图书馆的时候，就会心情宁静，被满室书香所感染。家长可以在家中为男孩营造出适宜学习的环境，使男孩身处其中就受到学习气氛的感染。

在硬件设施方面，家长要为男孩准备一定的学习硬件。有的家长在这方面意识淡薄，家里可能装修得不错，但是却想不起来给孩子配一张书桌。

最好能准备一个书房，供男孩读书用。如果没有条件，就在家中隔出一个角落，为孩子摆放一张书桌、一个椅子。孩子学习的地方，光线要好，可准备一个台灯。还可放置一个书架，在书架上摆放书籍刊物。

如果家中条件比较好，需要为男孩添置录音机、电脑辅助学习，还应开通网线，让孩子通过网络学习知识。

男孩小的时候，可在家中多张贴色彩鲜艳的认字卡片。这些卡片上的汉字与事物是相对应的，比如"椅子"一词对应的是椅子的实物，"裙子"一词对应的是一件漂亮的连衣裙，"苹果"一词对应的是一个鲜红的大苹果，等等。这些卡片看多了，对孩子认字、辨识物体都有不小的帮助。

家长还可以在男孩很小的时候就播放英文歌、英文故事，营造一个良好的语境。有英语学习经验的人都知道，听英文，三天五天可能没有成效，可是长时间积累下来，就能做到从量变到质变，得到很好的语感。

家长可以选择早晨起床后、晚上睡觉前两个时段为孩子播放英文录音。早上刚起床孩子记忆力好，而晚上听完录音后就睡觉能在脑海中留下的深刻印象。所以，这两个时段是听听力的最佳时段。

白天的时候，家长可抓住机会向男孩教授英文词汇。比如，吃早饭的时候，妈妈可以告诉孩子，鸡蛋用英文说就是 egg，而牛奶是 milk。家长还可尝试着与孩子进行简单的英文对话，比如饭前孩子不洗手，就对他说"Please wash your hands!"晚上很晚了男孩不休息，就对他说"Go to bed"。这些词汇与句子看似简单，积少成多，慢慢就能丰富男孩的英语词汇，锻炼他们的英文对话能力。而且通过这样的方式练习，男孩学来的英文非常自然，能够随时随地拿来就用。不像其他孩子只知道对着书本学习，学来的英语只有在考试时才能用得上。

在家中营造浓郁的学习气氛，家长是"主力军"。试想，如果爸爸妈妈喜欢看电视、打麻将，在这种环境里孩子又怎么能积极主动地去学习呢？恐怕他们更感兴趣的会是电视剧和麻将牌。所以，家长应该以身作则，做一个热爱学习的榜样。

家长应该多抽出一些时间来读书、看报。茶余饭后，少做些无意义的休闲活动，打开一本书，铺开一份报纸，在灯下默默地读上一段，会营造出一种颇具感染力的学习气氛。看到爸爸妈妈主动学习，孩子也会自觉地走到书桌前拿起书本，多学点东西。

细节 90 转变男孩学习观念——从 "厌学" 到 "乐学"

林语堂曾表示"苦学"二字是骗人的，头悬梁锥刺股的故事是荒谬绝伦的，他说："我把有味或有兴趣认为是一切读书的钥匙。"他坚持读书是一种乐趣，是一种享受，是一种值得尊重和令人妒忌的享受。他认为读书不是为了某种义务，而是"意兴来时便拿起一本书来读，要读得有完全的乐趣"，"读书必须十分自然"才能做到"开茅塞，除鄙见，得新知，增学问，广识见，养性灵"，才能有"读书人之议论风采"。

没有兴趣的学习将会是十分枯燥乏味的，兴趣不仅是成功的基石，更是促使人们不断前进的动力。学习者失去了兴趣，就如同鸟儿失去了翅膀，再也无法体会飞翔的乐趣，而只能在泥泞中蹒跚前行。

要想提高男孩学习的效率，必须培养他们对学习的兴趣，用兴趣推动他们有效地学习。

毕业于哈佛的著名汉学家史华兹对有趣地学习做了更广义的解释，他认为有趣的学习是一种享受，学到新知识是一件十分有趣的事，读书、上课、完成作业、复习功课、与同学交往、向老师提问题等，也都是很有趣的学习，而且他更提到"有效的学习，才是有趣的学习"的说法。

不少学生问过史华兹：“什么是有效的学习？”他总是不厌其烦地告诉学生：“自己觉得有趣的学习才是有效的学习。”学生们听完后只是笑笑，并不觉得教授在认真回答他们的问题。但史华兹认为，有趣的学习就是可以使自己的身心愉悦、学有所用的学习。

难道学习真的有趣吗？史华兹说，在小孩子的眼里，他们对学校充满向往、好奇，他们相信学习一定比他们现在玩的游戏更有意思。可是当他们步入学校不久，便会发现原来学习是那样地枯燥乏味，没有什么乐趣可言。这种心理会一直伴随着他们读完大学，在这个过程中，他们可能体会不到一丝学习的乐趣。

学生虽然掌握了许多知识，但是在他们的深层意识中，并没有把学习当作一件有趣的事情，因为在他们看来，学习应该是一件严肃、认真的事，任何有悖于此的行为，都会被视为不良的学习习惯。而他们最终的目的就是要用分数来说明一切，即使得高分的人是个呆头呆脑、不通人情世故的学生。所以，史华兹强烈地建议：“应该把学习当作一件有趣的事。”

当代许多教育心理学家都十分重视对学习兴趣的培养。他们认为，当一个学生对于所要学习和记忆的内容有浓厚兴趣的时候，大脑皮层会产生兴奋优势中心，学习和记忆就会更加主动积极，不但不会感到学习是一种负担，相反会饶有趣味，效率很高。理论和实践都证实，兴趣是学习的挚友，是发展记忆力、观察力、创造力等多方面能力的动力。

如果你的孩子满怀兴趣地去学习，那么他会在知识的天空中快乐自由地翱翔，他的学习效率也会大幅度地提高。

建议一：逼男孩学习就是摁着牛头吃草

蒙台梭利认为儿童存在着与生俱来的、不断发展的、无穷的"内在生命力"和"内在智慧潜能"。她认为，教育的首要任务是激发和促进儿童"内在智慧潜能"的发展，及时发现孩子在各个方面的智慧潜能的自发倾向，并及时加以捕捉和诱导，使其得到强化和发展，如果这种倾向被忽略，则可能失去它们再出现的可能性。

发现和测试孩子的智慧潜能，是教育者认识孩子天才趋向的武器。但儿童不是成人进行灌注的容器，也不是可以任意造型的泥塑，教师和父母必须观察和了解儿童的内心世界，从他们智力的本质入手，训练他们认识自然、改造自然的能力，同时提高他们认识自己、改造自己的能力。蒙台梭利提出的观点说明，那些智力出众的人，都是在改造某种状态的同时，不断改造自身、自我发展的人。

然而由于成人不适当的引导或环境的影响，孩子会出现偏差行为，如不整洁、不顺从、怠惰、贪婪、自我中心等，因此蒙台梭利强调环境和成人的重要性，如果我们不能看见孩子的本来面目，将无法协助孩子正常地发展。孩子对学习非常抵触，家长不探寻孩子抵触学习的根源而是一味逼迫他学习，就像摁着牛头吃草，只能让他对学习日益抵触，不会收到良好的效果。

蒙台梭利强调，为了使孩子能得到正常的教育，大人应该细心地直捣孩子的内心深处，探索出他们需要什么，喜爱的又是什么，尤其要研究自己的孩子能接受的是什么。能够了解孩子，才能帮助孩子；能够知道应该如何给、如何爱，才不会由于你给得"多"了，爱得"过"了，反把他逼出问题来。

教育是延续的、需要积累的，同时又是非常个体化的，它必须依赖于父母对男孩的了解，在这个基础上对男孩施行有针对性的个别化的教育。教育没有一个人人可以套用的模式，找不到一把万能的金钥匙，只能一把钥匙开一把锁。

男孩是一个充满着多变性的个体，在自然的体型、行动、认知与精神发展上，都和已经定型的"大人"不同，二者无法站在同一的情况上。大人不能不经细察，就以自己已经定型的标准与头脑，来否定男孩，自作主张地判决男孩的想法和需要。再者，想要了解男孩，就必须多观察，以了解他成长的法则，及时发现他的特长与注意的重心。按照男孩的天性来养育男孩，每位家长都可以成为非常成功的教育家。

我们当然无法以横切树木的方式剖析儿童，更不能将他像小老鼠一样关在实验室里做试验，但是可以经由多方的观察，发现男孩的生长法则，推敲出他的真正需要。然后更进一步地针对发现的结果与孩子的需要，研讨出"对症下药"的教育方法，用最适当的安排，满足孩子内心的需要，尊重自然的规律，尊重孩子的天性，按照孩子的天性来施行你的教育策略，让孩子自动地产生"去尝试"的喜悦和大人所谓的"学习意愿"。

建议二：细心父母会发现男孩"逃学"的真相

逃学，在家长和老师看来几乎是"罪不可恕"。刚开始上学的时候，男孩们都兢兢业业，逃学的很少。随着年级的升高，课业日益繁重，慢慢的逃学的现象就多了。那么，男孩们为什么要选择逃学，真的像家长想的那样是越来越贪玩了吗？贪玩的因素不能完全排除，但事实上很多男孩逃学有着更深层次的原因。尤其是那种之前一直"老老实实"的男孩，突然逃学，家长不能武断批评，因为很可能孩子逃学是因为有着他无法排解掉的压力。

男孩面对的压力，一般有来自学习上的、生活中的、社会的压力，其中又以学习上的压力居多。那么应该如何来排解压力呢？首先，家长要帮孩子找出压力的原因。

导致男孩学习上产生压力的因素是多种多样的，比如学过的东西很快就忘，以至于怀疑自己"天生就不是学习的料"；上课时精力不集中，学习的时候则不自觉地陷入"白日梦"中；学过的知识像一堆到处乱放的砖石，无法条理化；考试成绩总是不理想，而"苦心人，天不负"的古训在自己身上却不起作用；听了很多别人的学习经验，看了很多介绍学习方法的书，但是学习效率依然没有提高……

当别人如鱼得水般轻松地在学海中遨游时，你的孩子却总是慢半拍，他担心掉队的压力也就油然而生。如果他真的把压力看成压力，把烦恼当成烦恼，那么，他离掉队的时刻也就不远了。就像有些男孩因为承受不了这种压力，便自暴自弃，终日沉浸在苦恼的深渊，结果成绩如坐滑梯一样，越滑越低。而有些男孩则在压力的推动下，更加积极向上，勤奋刻苦，最终硕果累累。

真正的学习是快乐的，它不仅是指学有所获及学会某事的成就感，而且还指学习过程本身是令人感到快乐的。因此，家长要告诉孩子应确立学习是快乐的信念，应带着喜悦的期盼开始学习，而学习结束时应感到意犹未尽、恋恋不舍。快乐的学习能够使整个学习过程都变得津津有味，充满乐趣。

没有规划，一团乱麻，连自己掌握哪些，没掌握哪些，都不能区分开来，这会导致大量的无效学习，并造成畏难情绪，进而生出种种烦恼。男孩在学习上只有看到自己该学些什么，能学些什么，理出一条脉络来，那才可能做到有规划。

男孩在学习时要把目光盯住那些积极的东西，要能够看到自己的进步，并认为，这就是自己的成功。

此外，男孩绝不能一天到晚泡在书堆里，那样只会让自己头昏脑涨，压力也会更大。

细节91 培养男孩读书要具备的好心态

你的孩子可曾注意到自己对待生活和学习的态度，他是否以一个认真积极的态度做着每一件事？其实，态度有着比能力更强的神奇力量，这是经过科学和实践屡次印证了的真理。从这个意义上说，好态度也是一种本领。

美国哈佛大学罗伯特博士曾做过一次令人瞩目的印证"态度"神奇力量的实验。

他首先选定了三组学生和三只完全一样的老鼠。

他对第一组学生说：这是一只世上最聪明的老鼠，你们要在六周的时间内好好训练它，以便使其能在最短的时间里冲出迷宫。为奖赏它，你们要在终点多备些可口的乳酪。

他对第二组学生说：这是一只很普通的老鼠，它智力平平，经过六周的训练它能否走出迷宫还是个未知数，你们不要抱太高的希望。终点上的乳酪随意你们给多少。

他对第三组的学生说：这是一只反应迟钝的老鼠，经过六周的训练要使它走迷宫简直比登天还难。因此，终点上你们没必要准备乳酪。

经过六周的训练，最终的结果是：

第一只老鼠迅速准确地冲出了迷宫。第二只老鼠虽也通过了迷宫，但时间用得多些。第三只老鼠并未到达终点。

最后，博士说出了谜底：实验用的老鼠同出一窝，没有智力上的高低之分。

同班的同学、同窝的老鼠，实验结果何以如此迥异？关键在于博士的引导使三组学生产生了截然不同的态度。这个实验告诉我们一个深刻的道理：以不同的态度面对相同的实验客体，出现完全不同的结果也是意料之中的事情。

每个男孩都面临着光怪陆离的大千世界和风雨起伏的坎坷人生，其实，大自然从本质上赋予每个人的最初能力是大同小异的。然而，人与人之间存在的差异归根结底就是因为每个人人生态度、学习态度的差异性。

相比较而言，态度胜于能力。男孩的生活态度决定他的人生高度。

如果说，客观条件和智商是成功的一个条件，那么态度就是使男孩更快迈向成功的助推器。很明显，客观条件和智商一旦成型，很难改变，而态度则不同，态度可以靠自己把握。能不能登上成功的山峰取决于男孩对待这座山峰的态度。要让男孩记住，他的脚永远比山还要高。

父母要让孩子明白，每一个人都要以认真负责的人生态度走好每一步，只有这样才能拥有一个与众不同的人生。对待学习也是如此，如果男孩觉得自己智力平平，也没有优越的物质条件，那么他完全没有必要自卑，因为一个好的学习态度会为他赢得很多更高的荣誉和更大的进步，对于那些认真生活和学习的人，无论是老师还是社会上的其他人士，都会另眼相看，这也将是他将来取得更好发展的资本。

建议一：人人都是读书的好材料

不少男孩学习成绩不佳，他们为此灰心沮丧，认为自己不是读书的料。其实并非如此，他们缺少的并不是智商，而是自信。"首先要有自信，然后全力以赴——假如有这种信念，任何事情十有八九都会成功。"这是一句来自于生活实践的名言。

著名心理学家到一所普通的学校听课，班主任问他："先生，您能不能帮我看看，这些孩子中有没有素质特别好的？"

"当然可以。"心理学家爽快地答应了，然后毫不迟疑地指着一个学生说："就是你！你是个天才，一定好好学习，不要辜负你的天分。"

被点到的孩子眼睛一亮，兴奋之情溢于言表，飞奔回家告诉父母："爸爸，妈妈，好消息，心理学家说我是天才！"

母亲听完孩子的话后，欣喜若狂，仿佛孩子一下子变成了天才。从此，这个孩子不断受到同学的羡慕、老师的关怀、家长的夸奖，他找到了天才的感觉，成绩不断提高，智力水平也飞速地提升。

一年后，心理学家再次访问该校，问那个孩子的情况怎么样，班主任回答："好极了！"接着她又向心理学家请教道："先生，我感到很惊讶，您来之前他只是一个普普通通的学生，可经您一说，马上就变了。请问您的眼力为什么这么好，判断得如此准确？"

心理学家微笑着说："因为每一个孩子都是天才，他们缺乏他人的鼓励。除了人格以外，人生最大的损失莫过于丧失自信心、失去自信。一旦如此，所有的事情都将不会再有成功的希望和可能，正如一个没有脊梁骨的人永远不可能挺起腰来一样。"

每一个男孩都是天才，家长要帮助男孩树立自信心，让他确信自己是聪明的、是有能力的，相信自己能干好任何事情。家长要教会男孩对生活、学习中遇到的困难和挫折有坚定的信心，让他在心中告诉自己："我就是天才，我可以战胜一切困难和挫折。"

"尺有所短，寸有所长"，男孩要客观地进行自我分析，充分地认识自己的能力、素质和心理特点。找出自己的长处和短处，以己之长，比人之短，激发自己的自信心。

马克思发现自己并不是缪斯的宠儿时，便毅然与诗神告别，焚毁了自己的诗稿。当时，马克思感慨地说："看了最近写的这些诗，才突然像叫魔杖打了一下似的……一个真正的诗歌王国像遥远的仙宫一样在我面前闪现了一下，而我所创造的一切全部化为灰烬了。"于是，马克思转向研究社会科学，最终同恩格斯一起创立了马克思主义学说，为人类开辟了认识真理的新纪元，作出了跨时代的巨大贡献。

拿破仑小时候很愚笨，学习成绩非常差。在小学和中学的时候，成绩常常是班级后几名，只有数学比较好。据说他终生不能用任何一种外语准确地说或写。更有趣的是，在滑铁卢打败拿破仑的威灵顿公爵，小时候也是一名被称为"笨蛋"的孩子。在学校时，他的学习成绩很糟，甚至连他的母亲也说他是一个"笨蛋"。但是他们都有身体健壮、痴迷军事的优点，如果让他们从事科学研究，可能一事无成，可他们却成为了伟大的军事家。

一旦男孩正确地了解了自己，自信的太阳就会在心中升起，他就会发现，在自信的阳光下，没有什么是做不了的。

有位大学教授在演讲时提出了这样一个问题："各位，对自己充满信心的请举手！"结果，举手的不到10％。

教授经过调查，发现这些人不自信的原因，是从小到大很少受到肯定。不断地发现自己的优点并加以肯定，有助于自信心的形成和培养。

俄罗斯有一句古老的谚语："把你的帽子扔进围墙里。"意思是说，当你想翻过一堵很难攀越的围墙时，就把帽子先扔过去，这样你就会想尽办法翻越围墙，一定要把帽子拿回来。人往往就是这样，自信不够的时候，总是给自己一条后退的路，一个逃避的借口。正因为如此，我们常常错过了许多可以"跨越栅栏"的机会。而"把帽子扔过去"，就斩断了那似有似无的退路和借口，你只能用自信来鼓励自己，去"背水一战"。

所以，鼓励男孩每天都大声对自己说"我能行，一定行！"要他不论成绩好不好时，都对自己说这句话。在坚定的信念的引导下，他的学习状况必然会得到改观。

建议二：读书随时保持"不满"的心态

男孩生性活泼骄傲，一些男孩确实聪明，老师讲的内容一听就会。也正是因为如此，他们听到一点儿就认为自己学到了全部，不再认真听讲，学习成绩反倒不如学得慢的同学好。

家长在引导男孩学习时，重要的一点是端正他们的学习心态。

一名徒弟跟着一位名师学习技艺，几年之后，徒弟觉得自己的技艺达到炉火纯青的地步，足以自立门户，因此收拾好行囊，准备和大师辞别。

大师得知了这个消息之后问道："你确定你已经学成

了，不需要再学习了吗?"

徒弟指了指自己的脑袋自豪地说："我这里已经装满了，再也装不下了。"

"喔，是吗?"大师随即拿出一只大碗放在桌上，命徒弟把这只碗装满石头，直到石头在碗中堆出一座小山后，大师问徒弟："你觉得这只碗装满了吗?""满了。"徒弟很快地回答。

大师于是从屋外抓起一把沙子，撒入石头的细缝里，然后再问一次："那么现在呢，满了吗?"

徒弟考虑了一会儿，恭恭敬敬地回答道："满了。"

大师再取了案头上的香灰，倒入那看似再也装不下的碗中，看了看徒弟，然后轻声问："你觉得它真的满了吗?""真的满了。"徒弟回答道。

大师没有再多说什么，只拿起了桌上的茶壶，慢慢地把茶水倒入碗中，而水竟然一滴也没有溢出来。

徒弟看到这里，总算明白了师父的良苦用心，赶紧跪地认错，诚心诚意地请求大师再次收自己为徒。

"学无止境"，生有涯而知无涯，学习是没有尽头的，除非是自己限制自己。

著名的数学家华罗庚说过："人，活到老，要学到老。"是的，人生是在不断探索中得到升华，从而才会有辉煌出现，像文坛的几位巨匠：冰心、巴金、金庸……他们都深知这个道理，才有如此大的成就，我们熟知的金庸先生更是在 80 岁高龄之际提笔修改了《射雕英雄传》，使这部经典名作再次遇热，受到众人瞩目。不止他们这样，像国外的著名人士也是在不断学习、不断积累中才创作出许多著名文献的。马克思和恩格斯就是最好的"人证"。他们共同完成的《资本论》使广大读者得到启迪，这是他们耗费毕生心血才完成的，他们就是在不断地努力及探索中完成这一著作的。

在不断求知的过程中，才会使我们真正得到乐趣。波兰著名钢琴家阿瑟·鲁宾斯坦，他 3 岁时学琴，4 岁登台演奏，直到 95 岁他未曾间断过对艺术的追求。因为他深知学无止境，艺术无止境，不间断的创作会使心灵得到净化，增加其本身的魅力。

意大利艺术大师达·芬奇说："微小的知识使人骄傲，丰富的知识则使人谦虚，所以空心的禾穗总是高傲地举头向天，而充实的禾穗则低头向着大地，向着它们的母亲。"

到了越高境界，越会感到自己的不足，因此，家长应教育男孩要把握生命的每分每秒，好好来弥补这些不足，趁着还小要多多学习。

人外有人，天外有天，巅峰之上，还可以再创巅峰。

细节 92　怎样帮助男孩提高学习效率

很多男孩一提到背诵就两腿发抖，"记不住"成了男孩们学习时很难跨越的一个障碍。的确，面对着堆积如山的书本练习题就已经头脑发胀了，这时再去背诵和记忆，大概谁都没有心情了。何况，枯燥的课文，排着队的公式，那么多怎么记得下来？想快速有效地记就更难了。

其实，只要稍稍动动脑筋，这个大难题就可以解决了。

比如地理课就有很多"地理知识记忆法"：

1. 歌谣记忆

在《中国地理》中，许多知识都可编成歌谣来记忆。如中国沿海的 14 个开放港口城市，从北到南的顺序可记为：

大、秦、天、烟、青；

连云、南、上、宁；

温、福、广、湛、北。

分别代表：大连、秦皇岛、天津、烟台、青岛；连云港、南通、上海、宁波；温州、福州、广州、湛江、北海。人口在 400 万以上的 9 个少数民族可记为：满、回、苗、彝、藏、土家、蒙、维、壮。中国的山和河流，也都可编成歌谣来加强记忆。

2. 趣味记忆

地理知识都与学生的生活有紧密的联系。如把《中国地理》的有关内容与旅游结合起来，有极大的兴趣。在《中国铁路》一节中，可用游戏来完成这一兴趣记忆。把每一组定为一个旅游团，完成一条旅游路线。试举一组同学的路线：

甲：我乘火车呼市发，要去北京天安门；

乙：北京站，我上车，去参观济南趵突泉；

丙：济南站，我出发，来到上海外滩上；

丁：上海站，我出发，要到杭州钱塘江；

……

有游戏中，自己选择去向，后边的同学跟着延续下去，做接力旅游。这种记忆形式男孩可在闲暇时间随便玩，是一种良好的记忆方法。

3. 模仿记忆

地理知识中有许多内容要求具有丰富的想象力来认识地理事物的空间、时间。单靠想象理解和记忆较为困难。模仿后再记则容易得多。如《地球的运动》一节中，男孩可以做"三球运动"的演示。男孩可以与好朋友分别充当太阳、地球、月球做旋转运动，其他朋友在旁观察、分析各球的运动轨迹与有关现象。在这个模仿中，"地球"要记住自己绕太阳转一圈用了 365 日 5 小时 48 分 46 秒，自己自转一圈即 360°，需时间 23 小时 56 分 4 秒，"月球"要记住自己绕地球一圈用 29 天半。这样，较为抽象的概念和枯燥的数字就会被清楚地记下来。

4. 谐音记忆

将记忆内容编制成另一句与之发音相似的话来帮助记忆，其特点是将枯燥无味的内容变得诙谐幽默，记忆深刻。例如在美洲的物产时，我们想象："中美洲各国都有咖啡馆，服务员一律是男士，都围着一条沙质地的领带，人们称他们'围、沙、哥'。"其实是记忆取了3个咖啡生产国家的名称谐音，即代表危地马拉、萨尔瓦多、哥斯达黎加。这样，就非常容易地记住了，又可以想象：中美洲有一种鸟，红红的嘴，每天吃香蕉，会学说话，像内蒙古的八哥鸟。人称"红、八、哥"。其实是洪都拉斯、巴拿马、哥斯达黎加是产香蕉国。

这样的记忆轻松而高效，能帮助男孩牢牢记住所学知识。而且不光是地理，其他功课也可以采取这些记忆方法。事实证明，如果能够掌握一套正确的记忆方法，就能够提高记忆力，使男孩轻轻松松地记住他想要记住的一切知识。所以，不要让记忆继续成为孩子的烦恼，与其埋怨他的记忆力差，不如帮助他认真地去总结一套记忆方法。

建议一：充分利用课堂时间的男孩最轻松

如果在课堂上实行"打假"活动，一定会有很多收获。每节课都会出现一些"身在课堂心在旁"的同学：有的人撑着下巴，眼皮竭力分开，可最后还是抵挡不了阵阵袭来的困意，于是终于进入了梦境，直到被同桌推醒；有的人一本正经地听课，不时地看会老师，不时地瞄一下课本，原来，这本包了封皮的课本其实是一本小说；还有的人眼睛瞪得圆圆的，耳朵也竖起来，仿佛一副专心听讲的样子，但其实他的心早就飞到球场上去了，只要一提问，准保是什么都不知道。除此之外，还有的人课上只顾着埋头记笔记，老师讲课的内容却左耳听右耳出，还有的人一边认真听讲，一边不时地低头记上一笔，他们积极地跟着老师的思路走，积极地回答问题，向老师提出疑问……

事实证明，课上开小差，或不懂得如何运用课堂时间学习的男孩即使课下付出再多，成绩仍然比不上那些课堂上认真听讲的人。

课堂学习占据着学生大部分的学习时间，这就更加要求每一个人都要善于抓住课堂上的每分每秒，专心听讲，这样才能确保高效学习，只有笨拙的人才会舍弃课堂，而费劲心力把时间花在课堂之外。

所以，男孩要想取得好成绩，充分利用课堂时间就显得十分重要了，那么该如何做呢？家长不妨向男孩传授以下几条学习技巧：

1. 课前准备。课前准备一定要做好，比如课前预习和文具的准备等，课前预习，能够保证对知识脉络的掌握，这样就可以轻松地跟着老师的思维走，另外，预习中产生的疑问会迫使男孩更加专心听讲，最终使问题得到解决。而文具的准备是为了避免上课分心，以便提高听课效率。

2. 专心听讲，听老师讲课、听同学发言，并积极思考，这样可以一直集中注意力。

3. 善于观察并发现问题，这样有助于集中注意力。

4. 大胆提问，增加课堂上的互动，促使男孩加深对知识的理解和掌握，其实这也是提高听课效率的一种有效途径。

5. 认真做课堂上老师布置的习题，以检测对知识的掌握程度。

6. 善于记课堂笔记。不能因为要记笔记，就错过了老师的讲解，这样得不偿失，笔记要记书本上没有的，可以趁老师写板书的时候记，听始终是关键。

建议二：死记硬背——男孩学习的大忌

"死记硬背"的学习方法是传统僵化的"填鸭式"教学模式的产物。在教学当中，死记硬背不仅让男孩感受不到学习的乐趣，而且还与素质教育背道而驰。

我们所反对的死记硬背，是指的那些单纯为了应付考试、在所学知识不求甚解或一知半解情况下强行的、生硬的记忆。这些硬背下来的东西虽然一时进入了大脑，但在考试过后可能会忘到九霄云外去，它不仅对男孩们知识的增长没有任何帮助，更会导致男孩思维方式的僵化、刻板，进而影响创新人才的培养。

实际上，记忆力与理解力二者之间的关系是相辅相成的，有的时候很难把二者的关系剥离开。记忆是理解的基础，而深刻地理解又是培养能力的关键。所以说，如果头脑中没有关于某个事物所谓的"死知识"，绝不可能形成对这一事物的认识和理解。对于这个问题，有些人动辄就喜欢引用爱因斯坦没有背出音速是多少来说明"死知识"是不必要的。但是我们必须正视的是，爱因斯坦的头脑中，一定储藏了研究领域所必需的知识，或者说是提问者所不可能提及的知识。这就是好比金字塔没有地基，就不会有顶尖，处于顶尖的人有时可能会忘记当初的地基是什么样子。

有没有一种学习方式，不需要死记硬背而记住呢？

通过细心观察就会发现，聪明的人在学习上与大多数的人看起来不一样，当多数人将同一种知识反复回顾了几十次的时候，聪明的人仅仅需要回顾一次或两次就足够了。其实他们并不是单纯地依靠记忆来学习，而是在头脑中树立不同的系统，将所有的知识串联起来，通过这样的方式每个知识都在一个链条上有固定的位置，所以就记得比较牢靠，也不容易忘记。是这个原因使一些人看起来一直在轻松如意地学习，但实际上这归功于学习的策略。当大多数人都在努力记忆的时候，聪明的人想着如何在知识间建立联系，这些联系让知识变得容易记忆，所以不需要太多的记忆活动。

如何做到创建知识网脉络呢？这里有几个不错的方法，家长可以教授给男孩使用：

1. 发现事物之间的关联之处。可以将要记忆的知识与已经记住的知识关联起来，使所有的知识都连接在一起。打个比方，可以将复杂的物理方程与现实生活中的例子相关联，将导数作为车上的车速计。

2. 通过图解来理解。可以画一张表示知识之间的图解关系图。将知识转化为图例，是基于时间和地点，作者或是其他不同知识间相类似的地方。

3. "好像……不过……"句式联想法。将一个知识与另外一个知识相关联起来，记录它们之间的不同点，使用这样的模式去理解。比如：孔子与苏格拉底同时诞生，但生活在古代的中国。

4. 通过形象思维。试着将抽象的知识想象成为一种看得见的形式。比如在做电脑编程，可以将一个变量想象成一个罐头，将一个函数想象成一个卷笔刀。

5. 将要记忆的知识尽量简化。可以试着将非常难理解的知识与那些明白易懂的知识相关联，将难以理解记住的知识尽量简化。如果仅仅停留在抽象的层面上，那将只能构建很少的知识联结。

如果是用这样的方法来学习，就可以更早地构建知识的连接点，这样就可以减少记忆量，帮助男孩更快地学习了。

细节93 告诉男孩一些学习技巧

当前，知识更新速度与日俱增，时代对男孩提出越来越严格、越来越多样化的学习要求。单凭"铁杵磨成绣花针""功到自然成"的方式，是无法适应目前的学习的。今日的学习成败，不仅取决于勤奋、刻苦、耐力与花费的时间和精力，更取决于我们的学习方法。

1980年，美国哈佛大学物理系教授、诺贝尔奖得主史蒂文·温伯格对《科技导报》记者说，学生最重要的是拥有用自己最喜欢的方法学习的本领，而非安于接受书本上给你的答案。

事实上，学习成果的好坏，与能否用自己喜欢的方式学习密切相关。哈佛优等生、美国第一位诺贝尔化学奖得主理查兹说过："最有价值的知识，是关于学习方法的知识。"就像有些运动员一样，他们不一定完全按照书里要求的"正确姿势"来做动作，而是利用最适合自己的姿势去锻炼，最后反而获得了冠军。学习也是一样的，如果男孩只知道循规蹈矩、按部就班地照着那些所谓的"最好的"方法来学习，效果可能会更差。

用男孩自己喜欢的方法学习，是提高学习能力的重要环节。英国有位社会学家曾经调查了几十位哈佛大学毕业的著名人士，发现他们大多认为学习时，最重要的就是用自己最喜欢的方法学习。而法国著名生理学家贝尔纳也深有感触地说："适合我的方法能使我发挥天赋与才能；而不适合我的方法则可能阻碍才能的发挥。"由此可见，用自己最喜欢的学习方法可以使男孩在知识的密林中，成为手持猎枪的猎人，获得有效的进攻能力和选择猎物的余地。

当男孩试图采用自己不喜欢的学习方法学习时，就好像是在逆风中行走，非常困难。因而，有些男孩就会逃离课堂，还有更多的男孩会感到十分疲倦，还有些男孩甚至觉得自己是个笨拙的学习者。

而当男孩明确了自己最喜欢的学习方法并运用它时，他学习的过程就像在顺风行走，风速加快了他行走的速度。运用他最喜欢的学习方法学习会提高他的脑力，使学习的过程变得非常轻松，效率也会大幅提高。

我们在实际学习中也有所体验，有些男孩喜欢独自一个人阅读，有些男孩则在群体中会学得更好；有些男孩喜欢坐在椅子上学习，有些男孩则喜欢躺在床上或地板上学习。有些男孩喜欢在比较自由的情形下学习，他们不喜欢墨守成规，需要多一些自由选择的机会，如自己决定学什么、从哪儿开始学等。而另一些男孩则喜欢在按部就班的情形下学习，他们需要老师或家长告诉他们每一步该怎么做。

这些学习方法中，哪一个才是最好的呢？答案不是绝对的，只要是他最喜欢、最适应的，就是最好的。学习是个人行为，必须采取自己最喜欢的方法。

因此，家长有必要告诉孩子，在平时的学习中要善于利用自己最喜欢的方法进行学习。如果他喜欢看电影、电视，那就从影像资料中学习；他喜欢看报纸杂志，那就从阅读中学习。但必须牢记有一条：这种办法一定要和他所学的课程有机地联系起来。

建议一：补足学习的短板——男孩不要偏科

你知道那种带铁箍的木桶吗？如果知道，你一定明白，当这只木桶上有一根木板是短的时，它的蓄水量就会受到限制。学习也是同样的道理，这就要求我们在关注孩子学习的过程中只有找出"最短的那块木板"是什么，集中精力和资源去解决这一薄弱环节，学习的整体效能才能明显提高，甚至跃上一个新台阶。

"妨碍我们在学习中发挥潜能的最大天敌往往不是机会不佳，而是我们的恐惧心理。"哈佛大学心理学博士奥尔波特曾经这样说。比如男孩在某门课中有一两次成绩很低，因而对这门课产生了恐惧心理，在恐惧的支配下，逃避学这门课，从而无法发挥自己在这方面的潜能。日久天长，就会造成这门课的成绩越来越差，形成了偏科现象。

很多男孩往往也有一块学习中的"短板"，这严重地影响着他们的学习。因为偏科就意味着他们在知识上产生缺陷，在学科方面出现"跛腿"现象。这样不但会影响整体的学习成绩，而且还会给以后的工作带来很大的不利。偏科还会影响其他学科的学习，因为各门学科是相互联系的，缺少哪一门课都会觉得不协调。正如人缺一只手或一条腿，就会觉得很不方便。

在学习时，每个人身上都有许多潜能，有的人有音乐方面的潜能，有的人有美术方面的潜能。好多男孩往往一听到"写作"就害怕，总是一开始就否定自己，认为自己不是学写作的料，忽视自己的写作潜能。事实上，当他害怕做某事时，并不能代表他就缺乏这方面的才能，而是他解决这方面问题的能力比较弱。

因此，这就要求男孩在学习的过程中，一定要重视学习中的"木桶原理"，缺什么，补什么。也就是强项、弱项一起抓，巩固自己的优势学科，逐步弥补自己的不足，加强对知识的融会贯通。运用"木桶理论"，可以有效地提高学习效率。

美国的高校招生制度有两个显著的特点：一是避免了"一卷定终身"的偶然性，如果想上大学特别是好大学，学生就必须认真对待平时的每一次考试和作业，注重一贯表现；二是在很大程度上避免了学生偏科和片面发展，绝大多数想上大学的学生都必须比较认真地对待每一门课程，并尽可能提高自己的综合素质和发展的全面性与独特性。

建议二：他山之石，可以攻玉——男孩应多借鉴别人的学习经验

徐峰是班里考前十名的学生，但是他对自己现有的成绩不满意：徐峰虽然数理化方面很好，但是语文和英语却明显逊于理科，在全年级的排名仅为第9。

在周四的班会上，大家互相介绍学习经验。班长张东讲述的学习英语、语文的方法给徐峰留下了很深的印象。张东说，学习语言是一个长期的积累过程，需要记忆大量的、琐碎的语言点，所以他有一个专门的英语记录本，记下英语课堂上学过的但是掌握得不好的单词、词组等，经常翻看，以加深记忆。学习语文中的基础知识时，他也用类似方法。针对语文学习中的重点和难点即写作，他更是认真，不仅摘抄优美的词句、名人名言，还将自己平时看到的一些很新颖、并且预计会用到的材料分类记下来，这样，写起议论文来，就不会内容空洞，言之无物了。

这次学习经验交流会后，大家都认为自己有收获，并且更加乐于交流。效果怎么样呢？还是看看期末考试后徐峰的感想吧。徐峰考了全班第四名，不过最使他开心的是英语和语文成绩提高了很多，他相信自己还会有进步。

《礼记·学记》里有这样一句话：独学而无友，则孤陋而寡闻。意思就是说，自己一个人学习而没有朋友交流讨论，就会孤陋寡闻。学习并不是对知识的占有，而是对知识的运用，当男孩能够和朋友

们分享自己的学习经验时，说明他已经能够运用这门知识了。

家长要让孩子明白，今天我们学到的很多知识，都是一代又一代的人前赴后继地研究得来的。就像我们今天的外科手术，在很久以前还不能被人接受，开刀被视为违法的。但人们发现外科手术确实能治疗疾病，于是相互交流经验，总结出各种各样的手术方法，让全球的人都可以分享。试想，如果医生都不愿意把自己的治疗经验分享出来，任何人想要学到东西都必须自己亲自手术，那我们的医疗状况肯定比现在要落后得多！

其实，来自别人的成功经验就像一盏明灯，当你还在漆黑的胡同里独自摸索蹒跚的时候，那盏明灯就是你迅速走出困境、走向光明地带的指引和希望。而这样的明灯其实在很多地方都存在着，只要你善于发现，就离成功更近了一步。

英国著名作家肖伯纳曾说过这样一段话："两个人在一起交换苹果与两个人在一起交换思想完全不一样。两个人交换了苹果，每个人手里还是只有一个苹果；但是两个人交换了思想，每个人同时有了两个人的思想。"这段话精辟地道出了人与人之间交流思想的重要性、互补性。而这也同样适用于人与人之间经验的交流。成功经验的对撞和相互吸收能够让一个人更快地找到通向成功的门径。

但是有的人因为自己总结了一些学习方法，暂时领先他人，就不愿意和同学分享。这样的想法是非常狭隘的。当男孩遇到这样的同学时，要相信，这样的人一定很难有大的作为。而且这种情况下要鼓励男孩主动去感动他，和他分享自己的学习心得，让这样的人因为自己的偏见和短视而感到惭愧。

一个能够成功的人，一定是懂得和他人分享的人。如果你的孩子也梦想成功，而现阶段的自己在努力之后依然没有找到那把开启梦想的钥匙，那么就鼓励他尝试着走出个人狭隘的天地，与同学真诚地交流吧，相信他一定会有意想不到的收获。

细节94 对男孩的分数不要太敏感

做学生的，都知道流传甚久的一句话："分，分，学生的命根。"在学校里，老师看重的是分数；回到家里，父母问得最多的也是分数；亲朋好友来了，问的还是分数。"最近考试了没有？得了多少分？""这次考试在班上第几名啊？"成绩好的孩子，倒觉得没什么；成绩差一点的，简直就无处藏身。

实际上，现在中国家庭父母对孩子的教育，大都仍处于分数教育。男孩考了高分，父母甚感荣耀。考试分数不仅成为男孩的命根儿而且也成为父母的命根儿。

其实，根据教育专家的理论，对于中小学生而言，两个方面的教育很重要：一个是培养孩子学习的兴趣，一个是教孩子掌握良好的学习方法。做到这两点，孩子的学习成绩自然会好起来。

分数不是衡量男孩能力的唯一标准。考试是检验男孩学习情况的一种手段，它是一项比较单一的检测。这基本上是对孩子学到的书本知识的抽查。

分数永远只是个形式和手段。它不能证明男孩真正学到了多少知识，也不能证明一个男孩的品格与才能如何。它不是衡量孩子聪明与否的唯一标准。

分数也并不能完全真实地反映一个男孩的能力。有很多男孩平时学习特别好，各方面能力也不错，但是一考试就考砸了。还有一些男孩，平时小测验没问题，但是到了升学考试这样的关键时刻，就发挥失常。这就是一个心理素质问题，考试怯场，就无法发挥自己的正常水平。

现在社会上，有很多人并没有很高的文凭，但是他们一样有所成就。不是说文化知识不重要，而是说，我们不能忽略了男孩的全面发展。除了分数，男孩的品德修养、性情习惯以及解决问题的能力，都会影响他的一生。

家庭教育最重要的任务是建筑人格长城，可生活中看人常常是一俊遮百丑，分数高、成绩好的孩子常常被看作是好孩子。事实上，影响终身发展的因素中，分数并不是最重要的，起着制约作用的是品德、品格，是做人的快乐，而不是知识学问。

点点滴滴的影响，将会对人格的健全发展奠定厚实的基础。不少父母过多关心男孩学习，只要考出好成绩，什么要求都答应，什么愿望都满足。品德低下却不被关注，这样的教育理念、方式令人忧虑。

建议一：考场不是战场，不必过分要求男孩

从小学起，一般情况下男孩的学习成绩不如女孩，于是，很多父母就担心男孩的成长会落后于女孩。其实父母是没必要担心这一点的，这是孩子在成长过程的一种规律性表现。据最新的一项研究发现，造成这种现象的原因主要是因为，男孩子刚上学没有女孩适应学校教育的能力强，等他适应之后。这种情况就会渐渐扭转，特别是到高中时男孩子的优异就会很突出地表现出来。

这主要跟大脑有一定的关系。与女性的大脑相比较，男性的大脑更多地依赖于空间机械刺激，他们天生更容易接受图表、图像和运动物体的刺激，而对课堂上单调的语言刺激，容易产生厌烦、分心和坐立不安。所以，男孩的大脑结构决定了他们天生不

能很好地适应强调阅读、写作、复杂的组词造句的教育方法，因此，多数男孩在接受学校教育时的成绩会明显落后于女孩。

那么怎样才能帮助男孩不在小学阶段落后于女生呢，这就需要了解男孩的学习特点，有针对性地进行家庭教育。

1. 用动作学习

男孩在读书学习时，通常会不自觉地用脚打拍子，同时眼睛不时地瞟来瞟去，察看周围事物。这是因为男孩更倾向于创新的学习方式，更善于行动和使用各种工具。毫不疲倦，同时又漫无目的地绕着圈子和小伙伴追逐奔跑时，不要感到惊讶，他们在适合自己的动作中掌握到的知识，和思考所掌握的知识是同等重要的。

2. 用身体沟通

只要认真观察男孩的父母都会发现，一般情况下男孩喜欢通过身体攻击的方式与小伙伴进行彼此沟通。他们互相踢打、推拉或碰撞，从亲密的身体接触中得到快乐。男孩通常借助这些举动来了解人的缺点和力量。所以打闹是男孩子的天性，父母应该适当地允许他们在打闹中去掌握一些文化和娱乐知识。

3. 用视觉获知

男孩的大脑与女孩的大脑对光的体验也不相同，男性对视觉和光线有很强的依赖性，视觉往往是男性获取资讯最为发达的方式。所以，根据男孩子的这种特性，父母应该为男孩子创造一个明亮舒适的读书环境，为他们学习成绩的提高打下基础。

建议二：家长不要以成绩来论英雄

都说迎考就是迎战，就连教室里也贴着"迎战高考"的警语。"考场如战场"本是让男孩们重视考试，而家长和老师们说者无意，他们却听者有心，在内心里形成了巨大的压力。

俗话说："井无压力不出油，人无压力轻飘飘。"但在考试中，压力过大只会被压倒，从此站不起来。

奇怪的是越是不把考试当一回事的男孩，越能考出好成绩；越因为担心考不好寝食难安，到头来也往往就真的吃不到好果子。这到底是什么原因呢？

答案就在于，男孩是怎么看待考试的，即心态决定成败。一场考试又要到来的时候，你的孩子是感到紧张、激动，还是像平常写道作业题一样完全不把它放在心上呢？

要是他觉得紧张，那要想考出好的成绩还真的有点难度。当孩子们面对一场考试时，好的心态是非常重要的。比方说，现在班上有甲和乙两位同学，甲同学平时认真刻苦，考前也做了全面的准备；乙同学刻苦劲头明显不如甲，知识只能算是掌握了个大概，考前就翻翻书看了看重点。试卷发下来，乙同学知道自己学得不是最好，但基本的知识心里有数，于是他认真对待每一道题，完全处于放松的状态，脑子甚至转得比平时还要快，遇到不会的题就先跳过去，合理分配好时间。而甲同学呢，由于太紧张，大概扫一眼认为可能是不会做的题，他就停在了那里，着急得要命，心里又不停地埋怨自己，这样本来能想到的方法这时也想不起来了。考试结果，可想而知。

分数是虚的，能力却是实实在在的，一场场的考试不但帮男孩检验和巩固了平时学习的成果，对他的心理素质也是一个很好的锤炼。知识点就是那些，老师的考题却可以出得千奇百怪。有时候他常常会觉得自己是白复习了一场，那些知识明明都懂了，怎么考试的时候就是想不到呢！其实问题就出在他的心理素质上。这需要更多场考试来磨炼。不要以为考试就是学生的事，会考试对他一生都有益。譬如那四年一届的奥运盛会，一场场的比赛比的不但是运动员的身体素质和动作技术，常常是心理素质的优异决定了最后花落谁家。

考试，只是一种教育手段，无所谓好坏，主要看如何运用。考试的目的也很单纯，一是接受检验和自我检验，二是选拔人才的一个途径。现在许多国家，比如美国和英国也都很重视考试的作用：2002年美国颁布的《中小学教育修正法》首次要求各州必须实行统一考试（3年级以上），并以考试成绩衡量教育质量。英国中小学也实行全国统考，对各校的成绩公布排名，中学生考入名牌大学的竞争激烈程度并不亚于我国。

专家认为，学生素质高低的一个侧面，就是考试成绩是否优秀。男孩应付试卷这种考试，是人生道路上比较简单的一种考试；生活中的考试却要困难得多，也复杂得多。提高学生素质的办法，不能以削弱学生应付考试的能力为代价，更不能把问题归罪于考试。

第十六章　爱读书的男孩不会变坏

——怎样让男孩爱上读书

细节95　激发男孩的阅读兴趣

很多父母担心自己的男孩不爱读书，或者担心他们只读一些漫画类的休闲读物。其实，这个问题出现在于父母没有对男孩进行正确的引导。父母可以启发男孩的阅读兴趣，帮助男孩养成绝佳的读书习惯。以下有七条鼓励和引导男孩读书的建议，可供参考：

1. 给男孩提供一个读书的氛围

建议家长在家里男孩经常走动的地方放个小书柜，里面放些童话故事、科幻故事等，方便男孩随手能拿到。事实上，很多伟人在小的时候都有这样的经历，由于在童年读了几本有影响力的书籍，改变了他们一生的成长方向，甚至造就了他们未来的事业。

2. 和男孩一起读书

如果父母有空余的时间，可以和男孩一起读书，和男孩一起评论书中的内容，这样做的效果会更加理想。如果能经常和孩子聊聊书中的故事，复述书中的故事情节，谈谈读书的心得体会，孩子的生活会变得更加有趣。对于故事书中的情节，假如男孩能够清楚、正确地复述大意，就表明他吸收了书中的内容。

3. 给男孩讲书中的故事

为男孩讲书中的故事，是培养读书兴趣的有效途径。它能凭借故事的魅力强烈地吸引孩子，从而引导孩子寻找乐趣而自觉自愿地去读书。同时，也拉近了父母与孩子的心理距离。

4. 鼓励男孩把他从书中获得的故事讲给父母听

当男孩养成了自觉看书的习惯之后，父母可以请他讲讲书中的故事，并询问故事中的细节。这样做一方面会促使男孩看书更加仔细，也会促使孩子产生一种成功的喜悦，读书的兴趣会更加稳定。

5. 引导男孩从书中寻找他急于想知道的答案

男孩一般有不懂的问题，都会缠着大人问这问那，这时家长可以适时地告诉孩子，他的这个问题在某本书中可以找到很好的解答。平时，家长还可以给孩子讲个好听的故事，讲完之后再告诉男孩，这个故事就在某某书中，相信孩子一定会对书发生兴趣。

6. 帮助男孩选择读物

一般来讲，在选择书籍的时候要先读一读书前或书后的内容提要，从中弄清是否适合孩子的年龄，再看一下目录，内容是否适合孩子，最后还要看一下内容质量如何，再决定是否购买。

7. 指导男孩掌握一些常用的阅读方法

为了让男孩保持持久的阅读兴趣，就必须指导男孩掌握一些常用的阅读方法，例如：精读、略读、跳读、朗读、默读，对于不同体裁的读物还要采取不同的阅读方法。对于经典的读物要精读，对于故事类读物要略读，为了寻找某些文献资料可用跳读。优美的诗歌和散文适用朗读，逻辑性较强的文章适宜默读。

建议一：好父母会培养男孩对书的"饥饿感"

美国物理学家费米从小就特别喜欢读书，对书有一种"饥饿感"，尤其是对物理学方面的书籍。

有一天，费米拿回来两本书，并且告诉姐姐，他要读这两本书。姐姐当时认为那么专业的书，什么波的传播、行星的运动、潮汐的循环，他肯定是看不下去的。

但是出乎意料的是他读得津津有味。邻居家的教授对他姐姐说，这跟他对物理学书籍有种"饥饿感"是有关系的。

有一次，邻居家的教授对他说："我给你出几道题好不好？"

"太好了。"费米跃跃欲试。题目很难，让教授吃惊的是费米全都做对了。

从此之后，费米经常缠着教授要题目，并且从教授那里读到了大量的数学和物理学的书籍。

故事中所讲的"饥饿感"就是一种随时随地的需要。不用刻意地感觉它，因为它是无处不在的。实际上，对于阅读男孩也需要培养一种饥饿的感觉，培养就像饿了要吃饭、特别是见到好吃的东西时的那种"馋"的感觉。从要我阅读，变成我要阅读。这也是帮助男孩扩大阅读面的一种很好的方法。

阅读既是一种求知行为，也是一种享受，在孩子阅读的过程中家长除了需要对真正有害于孩子的书刊进行控制外，就不应该对男孩所读的内容进行人为的约束。从上小学开始孩子会开始形成自己的阅读爱好和兴趣，对此家长应该注意观察和了解，不宜过多地干涉，更不应该按自己的意志强行改变男孩的阅读爱好。

建议二：给男孩一间书房

阅读既是开启孩子心灵智慧的钥匙，也是增长知识的有效方法。从小培养良好的阅读习惯，不仅仅有益于孩童时代的学习进步，更将使个人人生发展终生受益。另外，良好的读书氛围对孩子的成长也很有帮助。

作为家长，首先要明确这样的观点，注意培养孩子的阅读习惯，而且要指导孩子科学读书、读正确的书。对孩子来说，开卷须有益，给孩子营造一个好的读书氛围，会使我们的孩子终生受益。将家里的藏书，或是父亲、祖父遗留下来的藏书保留好，并将它们放在一个房间的书架上。如果有条件，最好给孩子留一间书房，引导他对书的渴求与探索。李嘉诚就受过类似的熏陶：

> 李嘉诚生活在一个和睦的大家庭里，在这个家庭里，有一个面积虽小但藏书却非常丰富的小书房——那是他家里的小书库，里面集中着他知识渊博、学问深厚的父亲、伯父、叔父以及祖上遗留下来的藏书。

童年时期李嘉诚的大部分时光，就是在这块狭小却辽阔的天地中度过的。当然，这是经过他父亲允许的。

每天放学以后他就像一只勤劳的小蜜蜂，悄悄飞进小书房。他太爱看书了，书就是他全部的世界，书里详细地告诉他许多从来不知道的东西，告诉他为人处世的道理。

他如痴如醉地看书，海阔天空地思考着他的问题，在这里他的全部天赋发挥得淋漓尽致，书使他懂得了许多。

至今他还记得，父亲如何引导他走上读书的道路。一天，父亲领他来到这间书屋，语重心长地对他说："诚儿，这是咱家几代人的书库，你伯父、你叔叔和我都是从这里走出去的。我希望你能认真理解父亲带你来这里的意义，我也知道你能体会为父的深意。"

读书成为他的生命。看书越多，他越觉得自己知识的贫乏，便越是废寝忘食，如饥似渴地学习。李嘉诚78岁的堂兄、退休的老校长李嘉来回忆当年的情景时说："别看嘉诚年龄小，读书却异常刻苦，我看见好多次，他在书房里点着煤油灯读书，很晚很晚都没有去睡。"

是父亲引导他走上了读书的道路，父亲经常陪他在灯下读书，好随时解答他层出不穷的问题，随时给他以精神的鼓舞，随时给他以人格上的激励。

回忆起自己亲爱的父亲，李嘉诚常常动情地说："父亲是我一生中最崇敬的人，父亲无论从知识上，还是从人格上，永远都给我一种鼓舞，一种激励。没有父亲的悉心培养、没有父亲的指导教育，我不可能有今天如此的成就，父亲给予我的，是任何一种东西都无法衡量的。"

不打不骂，穷养男孩的100个细节

Bu Da Bu Ma,Qiong Yang Nan Hai De 100 Ge Xi Jie

一个人是否有读书的习惯，能否体会到"阅读的喜悦"，其人生的深度、广度会有天渊之别。如果你的家中有一屋子书，而你也是爱书之人，相信孩子在耳濡目染下，一定会引起阅读的兴趣，并培养成习惯的。

建议三：引导男孩利用互联网进行阅读

互联网既有利于男孩现代思维方式的形成，又有利于他们社会化的进程，既能激活男孩们的求知欲望，又能激发他们的创造潜能。网络让男孩接触到了多元的世界文化，接触到开放意识、效率意识、竞争意识、平等意识和全球眼光。他们通过阅读网上大量的超文本信息，潜移默化地学习了现代的发散性思维方法，懂得在处理复杂事物时必须考虑它与周围事物的种种联系，从而改变传统线性思维固有的死板和狭隘。网络还使男孩对世界的认识大大超出他们所能直接体验的生存世界，增加了信息量，这不失为一种快速阅读的有效途径。

在网络丰富的资源中存在着各种形式的信息资源，有很多的资源可以免费提供给我们。如果我们能充分利用这些资源进行阅读和学习，不仅能节省大量的寻找时间，而且能节省一大笔购买图书的开支。一般来讲，通过网络可以阅读如下几种信息资源：

第一，可以通过网络进入世界各大学的图书馆、公共图书馆或专业图书馆。不同的图书馆所提供的信息不同，但一般都会提供本馆的馆藏目录。因此，可以从作者名、篇名、主题、出版年代、出版社等多种途径查询该馆馆藏情况。比如，在北大图书馆的馆藏目录搜索中，输入"朱自清"三个字，然后点"著者"，搜索结果中就会列出若干本朱自清先生的著作。这些书的索书号、出版年代、摆放位置，以及是否有可借书等信息都可以同时看到。

如果检索的结果太多，你可以限制一下出版年代或者出版社等，进行第二次检索。利用网络检索资源比卡片目录检索要方便、快捷得多。

第二，由于许多传统的和现代的参考工具书都被搬进了网络中，因此你可以通过互联网看到成千上万的指南、手册、名录、索引等，而无须将这些大部头的工具书搬来搬去。这些电子图书较多的检索点和灵活的检索方式深受广大读者用户的欢迎。

第三，电子期刊也是非常重要的网络资源。一般比较正规，和印刷型期刊一样也由专门的出版社按期出版。根据其文献提供情况和收费方式的不同可分为免费的和有偿使用的。需要注意的是，有些机构或高校所提供的电子期刊仅供其会员或学生、教师使用，而其他网上用户则无法使用。

任何事情都有它的两面性，网络也是如此。长期使用计算机及网络工作、学习，会造成人们人生观、价值观的冲突与失落，也会弱化其社会道德感和责任意识；同时还导致了一些男孩人文精神的失落。许多男孩都承认上网会影响自己的学习和生活，还会困扰他们的思想。网络上的各种信息真假难辨，良莠不齐。

网络的成瘾性还会给一些男孩带来身心危害，间接和符号化的交往形式，削弱了同他人面对面的交往机会和愿望。据调查，上网的学生中 20％的人有情绪低落和孤独感，与家人、朋友关系疏远。有些男孩走出网络后面对不理想的社会现实，感到悲观、失落。这些负面的影响，也警示着我们要采取一种更为理性的态度来引导孩子利用网络的优势进行浏览和学习。

细节96　帮助男孩又快又好地读书

　　课堂学习和课外阅读，是一个男孩学习和掌握知识的两条基本途径。有许多知识都是教科书上所没有的，而要扩大他们的知识面、增长见识，只有靠平时多读、多看。课外阅读是他们获取各种知识的"肥沃土壤"，是能够终身受益的"知识银行"。

　　那么，如何让男孩在有限的时间内通过阅读掌握大量的知识呢？那就需要他们掌握一定的阅读技巧，这样才能养成良好的阅读习惯，丰富他们的知识。

　　阅读是一个复杂的心理过程，在这个过程中，个人经由耳听、目视、手触、心感和思考，选择、吸收环境中各种资料，加以整理、归类、贮存，以便使用时提取。在这样一个调用全身感觉器官的过程中，要使注意力保持集中、排除外界刺激，实现高效地阅读，就要做到心到、口到、眼到、手到、脑到。下边我们来逐一地解释。

　　所谓"心到"，就是专心地把书中各个篇章的内容意义读懂，花一番工夫仔细研究分析，例如要用语法来分析句子的结构，要用字典来查阅未见过的字词，要动笔来标出各个地方的天气、特产、人文风情……总之，读书时最重要的就是心到。

　　所谓"口到"，就是当男孩坐在书桌前看书的时候，不妨让他们开口大声地将文章内容念出来，一方面借此提提精神，另一方面则一字一句地帮助自己将注意力集中在此，从而进入状态。

而口到又可分为朗读与默读两种。朗读多半为的是让精神和注意力集中，或者是为了欣赏文句的优美流畅。还有一种情形，即实在不了解该句子的句义，可以反复念出来以求明了字句间的联系。

默读方面的好处是读书的速度比较快。其实，通常时候，男孩的阅读主要是为了吸收知识，只要理解、看懂就足够了，并不需要一字一句念出声来欣赏或练习语气。默读分为浏览与精读，他们如果能掌握其中的差异与练习方法，这将会大大提高他们的阅读速度，增强他们的阅读能力。

所谓"眼到"，就是在阅读时，眼睛对书中的字要看个分明，不可草率跳过，如果读过之后仍维持在"有看没有到"的境界，代表你"眼到"的工夫培养得不够扎实。

所谓"手到"，就是说要一边读一边画线或做笔记。经过手到的整理工作才有可能融会贯通。

最后，"脑到"更容易被我们理解了，就是阅读的过程要善于思考，把所阅读的东西通过大脑的加工、整理内化成自己的知识，这样才能方便孩子记忆，也更把他们从阅读中获取的信息储存在他们的大脑中，以备将来之用。

总之，男孩在阅读的过程中，只要做到了心到、口到、眼到、手到、脑到，他们读书时的注意力就会大大增加，对抗外界的干扰能力也会增强。这样，他们的阅读速度也会随之加快，阅读能力也会随之增强。

建议一：告诉男孩读书应有计划、有步骤

人的一生可利用的时间是十分短暂的，男孩不仅要学习、生活、娱乐，等等，还要抽出一定的时间来读书。为了能够把原本不

多的时间用在读有价值的书籍上，需要帮助男孩制订一份读书计划，最好别让那些毫无用处、杂七杂八的闲书耗掉宝贵的光阴。

在制订读书计划时，应该剔除那些没有任何阅读价值的书籍，把有用的书写在计划中。为增长知识提高素质而读书，最好是选择那些文笔流畅、好看易懂的书。有些书文字晦涩难懂，读起来味同嚼蜡，获得的知识与花费的时间不成正比，这是一种浪费。读通俗易懂的书，花费时间不多，却能有一定收获。

在作出一份对男孩有帮助的读书计划时，除了选好有价值的书籍之外，还要注意几个问题：

第一，与专业学习相结合。结合专业学习选择读物，既可以加深对专业知识的理解，又可以扩大知识面。

第二，结合志趣。志趣是学习的动力，一个人如果在学好系统的基础知识的同时，根据志趣有选择地阅读，逐步积累有关的知识资料，就可能为今后的创造找好最佳的起飞点。世界上许多著名专家学者，离开学校不久，就能有所建树，几乎都和他们在青年时期就注意结合志趣，正确地进行选择阅读有密切的关系。

第三，重视科普读物和新兴学科。一个人只读教科书是远远不够的，必须注意先读反映最新科学成果的读物，包括科普书刊和科幻小说，以开阔视野，提高科学的思维能力和丰富的想象力。在"博览"中，若不重视这方面的涉猎，将来是会吃亏的。少读一本书看起来事小，但严重的是，思维的触角被人为地收缩起来。不正确的阅读战略，有可能使人不知不觉地放弃一个领域，损失了创造一种新知识结构的可能性。

第四，要重视各种文体书籍的阅读。

当然，计划只是男孩阅读的一个指导，并不是一成不变的，可以根据不同时期的阅读情况来调整阅读计划，从而使之更适应男孩的阅读习惯。

建议二：介绍几种速读法给男孩

速读法，是一种从文字中迅速吸收有用信息，提高阅读速度的读书方法。这种方法为美国教育家比尔·科斯比和苏联著名学者奥库兹涅佐夫等人提出，并在实践中得到完善，近年来这种方法在欧美多国推广使用。

当今社会是信息社会，当今时代是知识爆炸的时代。每个人都有读不完的材料，看不完的书报。为了能适应时代的需要，有必要掌握快速阅读的方法。同时为了能够快速提高他们的学习成绩，更有必要养成快速阅读的习惯。那么，怎样才能养成速读的习惯呢？最重要的是掌握速读的方法：

计时阅读法

计时阅读法是速读训练的基本方法。通过计时训练，使思想高度集中，让阅读成为一种快速、高效地摄取、筛选与储存知识信息的过程。训练前选好一段或一篇文章，记下开始阅读的时间，阅读完后，再记下自己所用的时间，然后把阅读材料合上，凭第一遍阅读的理解与记忆，回想所读文章内容或回答有关问题。

总体阅读法

总体阅读是把全文完整地、连贯地作快速阅读。它是各种快速阅读方法的基础。人的大脑有一种特性，在接收信息时具有明显的选择性，在处理信息时能够遵守严格的程序。因此，在阅读训练中如能使自己逐渐形成一个固定的思维程序，对提高阅读速度将起到很大的作用。根据这一"定势"理论，可给自己规定一个阅读的固定程序。每当读一篇课文依次解决四个问题：题目、文章的大意、文章最能打动自己的部分、从文中感受到什么。这四个问题只要在头脑中形成习惯，一看课文就自然循着这些问题去理解，久而久之就会形成阅读的固定思维程序，阅读速度自然就会快起来。

意群注视法

传统的阅读法，是一个字一个字地看，眼睛要作多次不必要的跳动和停顿。所谓意群注视法，就是在阅读时不是一个字一个字、一个词一个词地读，而是把句中相关的词连成一个较大的单位，一组一组地读，而且一边读，一边理解。

细节 97　男孩总是爱读"闲书"怎么办

人是需要读一些书的，尤其是在现在富了物质、穷了精神的时代，许多人在生活中迷失了方向，通过读书可以把自己从物欲名利中超脱出来，塑造美好的生活观念。

在日常生活中有很多男孩喜欢看些闲书，他们之间流行各种充满打杀或者是妖魔鬼怪的纯娱乐书籍，并且没有节制地看书成瘾，甚至于荒废功课。这种无益的书籍不仅浪费时间和金钱，而且对男孩做人、做事一点帮助都没有。

这些不良的书籍严重地误导着男孩的价值观，有一位小学老师曾经感叹："现在上语文课，让孩子分析课文很困难，他们现在都缺乏分辨是非善恶的能力，这些孩子，我真的担心他们，以后走入社会该是多么危险。"

只有有益的书籍，才会真正对人有帮助。我们家长在帮助男孩挑选课外读物的时候，可以选择一些著名人物的传记，从中了解他们的事迹并学习他们如何做人。只有阅读有含金量的书，才会让男孩变得耳聪目明起来，更好地面对现在和迎接未来。

教育家称，较早接受阅读熏陶的孩子进入幼儿园时，在阅读准备方面，要比其他没有受过阅读熏陶的孩子提前两年半。然而，孩子们可以从中获得的并不只是学习技巧。给孩子读书，还可以教孩子学会分享和参与，使家庭充满亲情，使孩子时刻感受到父母的关爱。

约瑟夫·艾尔索是从富兰格林·D·罗斯福新政时起，一直到越南战争的这段长时间内美国最具影响力、最有成就的新闻记者之一，27岁时他就开始担任了华盛顿特区一家报刊的专栏作家。他一直珍视着父亲对他的教育。

"我父亲尽管每天都很忙，但他一回到家中，就要在吃晚饭前花上半个小时或更长的时间，为孩子们读书，父亲多年如一日地坚持着，他这样做的最大收获，就是孩子们不断地接受着新的知识。就拿我来说，在这个过程中学习了许多文学名著，自己的知识越来越丰富……我们几个孩子从小就养成了爱读书的习惯，这绝对应该归功于他。"

倘若家长常常抽时间，给自己的男孩读书，会让男孩变得热爱读书、热爱学习。什么时候给孩子读书都可以，但每天最好都安排在同一时段，而且每次至少要读 15 分钟。父母可以经常带着男孩到图书馆去阅读书籍，还可以给男孩布置一个好的读书环境，让他喜欢上与书为伴的生活。

建议一：家长别老让男孩闷在课本中

许多男孩从小就养成了背课本的习惯，学习的压力，促使他们一门心思地扎进各门功课的复习之中。他们放不下手中的课本，却对课本以外的知识知之甚少，也许平常在学校的时间比较紧张，总是忙于完成老师指定的任务。但是到了假期，就可以让孩子读一些自己感兴趣的"杂书"了，当然也可以读课本，但没必要一心扎进课本堆里。适当翻几本其他领域的书籍，不仅能拓宽男孩的视野，还能让他触类旁通，给他的学习带来灵感。著名华裔科学家李政道曾说："我是学物理的，不过我并不专看物理书，还喜欢看杂七杂八的书。我认为，在年轻的时候，多看一些杂七杂八的书，头脑就能比较灵活。"

我们很难想象一个成天只与教科书打交道的学生，将来会有多大的作为。只有走出自己所学的课本，到书籍的海洋中自由汲取各方面的知识，才有可能得到渊博的知识。

今天，我们每个人都从事一种专业或一门行业，要在自己的岗位上作出成绩，学习一些专业外或行业外的知识是有好处的。我国古代教育学专著《学记》中有两句话："良冶之子，必学为裘；良弓之子，必学为箕。"究竟为什么搞炼铁的要去学习缝制皮革，搞制造弓箭的要去学习做竹器，我们没有考证，但这两句话告诉人们一个道理：一个行业的专家，不能只局限在本行业的范围内，而是要"广博"。

20世纪50年代，当美国的贝尔研究所资助科学家巴丁、萧克莱、布拉顿等人研究半导体时，一般人认为他们的工作对通讯系统没有什么好处，讥笑这个庞大的科学小组是"象牙之塔"，不过是一件漂亮的摆设而已。可是，正是他们制出了世界上第一批半导体晶体管，实现了电子器件的革命，开辟了固体电子学的新学科。巴丁等几位科学家1956年同时荣获了诺贝尔奖。

如果搞无线电的贝尔研究所的科学家们不涉及看来与本行无关的半导体领域，也就只能继续在电子管器件的天地里徘徊。所以，美国科学家泰勒说："具有丰富知识和经验的人，比只有一种知识和经验的人，更容易产生新的联想和独创的见解。"贝弗里奇也说："成功的科学家往往是兴趣广泛的人。他们的独创精神可能来自他们的博学。多样化会使人观点新鲜，而过于长时间钻研一个狭窄的领域则易使人愚钝。"

可见，只把自己闷在课本中，而不广泛猎取其他领域的书籍知识，是很难做到广闻博学并获得一定创新能力的。广闻博学，是出成果的基础。

大多数男孩都愿为学校功课留出相当的时间。但是，在其他领域却缺乏求知精神。假使孩子真是有求知之饥渴，自修之热望，不妨鼓励他跳出课本，广泛阅读一下各方面的书籍，这对他的发展来说是相当有益处的。

建议二：文理科的书都应该读一读

在高中时，孩子们因不同的爱好和追求而选择了理科或文科进行学习。进入大学后，起初理科班的学生会进入更专业的理工类院系学习，而文科生则会进入人文社科类的院系中学习。虽然"术业有专攻"，但是大学毕竟是一个学术思想自由开放的地方，再加之当今社会对人才的要求也不仅仅局限于某一个专业的领域中，因此，男孩在阅读的过程中，有必要打破所学专业的局限，尝试吸取其他领域的知识。

这是有目的地使男孩的知识形成一定的知识结构的关键。鲁迅先生说过："只看一个人的著作，结果不大好的，你就得不到多方面的优点。必须如蜜蜂一样，采过许多花，这才能酿出蜜来，倘若叮在一处，所得就非常有限，枯燥了。"他还说："专看文学书，也不好的。先前的文学青年，往往厌恶数学、理化、史地、生物学，以为这些都无足轻重，后来，变成连常识也没有，研究文学固然不明白，自己做起文章来也糊涂，所以我希望你们不要放开科学，一味钻在文学里。"鲁迅先生的这些话，即说明读书要文理兼容。

读书要做到文理兼容，宽打基础窄打墙，是较好的方法之一。具体讲，这种方法是将知识基础打得宽博扎实些，涉足多学科知识，走"通才"之路，正是对现代人才的要求。唯有如此，才有独立走向社会获取成功的坚实后盾。

男孩在求学阶段，要广涉群科，坚实基础，文理兼容，这是一个十分重要而现实的问题。进入创造阶段，单有某一专业的知识，必然捉襟见肘，而阅读面广、知识量大的人即显出特有的优势。

欲在任何一个领域中有大的建树，文理兼容是必行之路。例如，科学和艺术看来是相距甚远的领域，可也有许多相通之处。诺贝尔奖获得者格拉索在回答"如何才能造就好的科学家"的提问时，答道："往往许多物理问题的解答并不在物理范围之内。涉猎多方面的学问可以提供广阔的思路，如多看看小说，有空去逛逛动物园也会有好处，可以帮助提高想象力，这和理解力、记忆力同样重要。假如你未看过大象，你能凭空想象得出这种奇形怪状的东西吗？对世界或人类活动中的事物形象掌握得越多，越有助于抽象思维。"

钱锺书先生是我国当代著名的大学问家。他博古通今、学贯中西，著作甚丰，且洁身自好、淡泊功名。柯灵先生在《促膝闲话锺书君》一文中说："钱氏的两大精神支柱是渊博和睿智，二者缺一，就不是钱锺书了。"足见学术界对他的推崇。

对学习知识，钱锺书主张"全体大用""亦扫亦包"，不依傍一家之言而兼容"异量之美"。就是说，知识面要广，视野要开阔，努力做到博览群书，兼收并蓄，吸取各科知识与各派学说之精华，储存在大脑的"记忆仓库"

之中，随用随取，达到"古今赅备，东西融通"之境界。正是本着这种治学原则，他才能取得训诂、辞章、义理同炉共治，事理、文理、哲理相互阐扬的学术成就。

除了钱锺书外，著名物理学家杨振宁也是"博读"的忠实拥护者。他认为，既然知识是互相渗透和扩展的，掌握知识的方法也应该与此相适应。当男孩专心学习一门课程或潜心钻研一个主题时，如果有意识地把智慧的触角伸向邻近的知识领域，必然别有一番意境。对于那些相关专业的书籍，如果时间和精力允许，不妨拿来读一读，暂时弄不懂也没关系，一些有价值的启示，也许正产生于半通之中。采用渗透性学习方法，会使男孩的视野开阔、思路活跃，大力提高学习的效率。

余秋雨在高雄某大学演讲"青年读些什么书，如何读书"中提到"要把阅读范围延伸到专业之外"，他说，阅读专业书籍当然必要，但主要为了今后职业的需要。生命的活力，在于它的弹性。因此在阅读的过程中，男孩不可只沉陷于文科或理科，而应该广泛阅读，文理兼容，只有这样才能更加适应不断发展的多元化社会。

细节 98　怎样帮助男孩扩大阅读面

　　人都是有惰性的，在阅读上也是如此。父母想要男孩扩大他们的阅读面，克服他们阅读的惰性，从而丰富他们的知识，就需要从一种全新的角度来着手。那就是利用外在的条件来扩大他们的阅读，一方面可以帮助他们制定阅读计划，在计划的限定下可以扩充阅读，另一方面就是用积累来促使他们去扩大阅读面。

　　阅读是一种很私人化的东西，总是在别人的强迫下进行则不会取得很好的效果。如果父母能将男孩阅读的被动性改为主动性，就需要制定一个多层次的阅读计划，这样才能有效地扩大男孩的阅读面。这个多层次的阅读计划分为长期阅读规划、中期阅读计划和每日定额三种。

1. 长期阅读规划

　　制定长期的阅读规划，就是让男孩把自己一生的时间当作一个整体来规划，在童年、少年、青年、壮年、老年各阶段进行统筹安排。制定长期阅读规划需要考虑以下因素：明确地规定他们自己使用的时间，根据自己的学识、特长，身体状况、家庭条件等，从而制定出较切实可行的规划。

2. 中期阅读计划

长期阅读规划毕竟是粗略的，它只是规定了阅读的大方向、大进度，因此有必要制定较为具体详细的中期读书计划。中期读书计划的时间一般定为一年较适宜，在遵循长期规划的前提下，确定一年的阅读任务：这一年研究的中心和重点是什么？必须读哪些书？达到什么样的要求？一年的读书计划可以按季节和月份的顺序进一步划分，尽可能有明确的目标和具体的任务，不要流于形式。

3. 每日定额

为了保证长期阅读规划和中期阅读计划的落实，每日定额读书是非常重要的，我国古代学者常把这种每日定额读书称做"日课"。

不论是制定长期规划、中期阅读计划，还是制定每日定额，孩子都要脚踏实地，不只求形式，还要留有余地，这个余地不同于一般计划那种回旋的余地，而是经过艰苦奋斗能够达到的余地。这样，他们才能每天都有所进步，有所提高。如果能持之以恒，那么，他们的读书学习最终会见成效的，也会很容易扩大他们的阅读面。

积累也会成为男孩扩大阅读的动力之一。那么父母该如何引导孩子在阅读中积累呢？需要注意以下几个方面：

1. 选准目标，定向积累，防止盲目摘抄

也就是说，要根据自己的实际，今后奋斗的目标，以及某学

科的需要等，有目的地进行阅读，然后集中摘录有关的文献资料。在这里，要切忌没有明确目标随意阅读和摘录，纵然摘录本子一大摞，但真正能用得上的却很少，这样既浪费了时间和精力，也会影响摘录的情绪，久而久之，学习收获也甚微。

2. 持之以恒，养成习惯

俗话说："一日一根线，十年织成缎。"阅读和摘录全靠点滴积累。苏联教育家马卡连柯曾说："只有你不断地记，不要由于偷懒、忙碌和忘记而有一日的中断，这样的'记事簿'，才能使你得到益处。"父母要告诉男孩不要因为学习忙、时间紧，就"三天打鱼，两天晒网"，或者只从兴趣出发，高兴则记，扫兴则弃，防止记记停停，知识的积累，就在他们持之以恒的努力之中。

3. 做好分类，便于查找和补充

男孩经常做阅读摘录，时间久了，就会有十几万、二十几万，甚至数百万字的资料。如果这些摘录，不进行科学的分类，就会变成杂乱无章的资料堆。那么怎样进行分类呢？这个问题要因人而异，不能一概而论或者千篇一律。这里主要根据个人的兴趣、学习的内容以及主攻的方向等来确定分类。一般来讲，可先分若干大类，每一大类下，再分若干小类。每一小类再按时间和笔画顺序排列。这样既方便翻阅和查找，又方便今后的整理和补充。这样，每一类实际上就成了一个专题摘录数据库。

4. 做卡片式摘录为宜

通常来说，书本式和卡片式摘录两者中以卡片式摘录为宜。

这是因为：卡片式便于分类，便于翻阅，便于补充，便于整理，便于收藏。只有勤于摘录的人，才能成为知识渊博而有所成就的人。我们一定要培养男孩善于阅读、摘录知识重点和精华的好习惯。

建议一：父母多带男孩去图书馆

古今中外，许多伟大的政治家、科学家都与图书馆结下了不解之缘，留下利用图书馆的千古佳话。

伟大导师马克思为了写《资本论》，到英国博物院图书馆广泛查阅资料，在阅览室的地板上留下了"马克思的脚印"，在这样的寒窗苦读当中，《资本论》诞生了。马克思以自己的实际行动实践了他的这句名言："在科学上没有平坦的大道，只有不畏劳苦沿着陡峭山路攀登的人，才有希望到达光辉的顶点。"

图书馆是文献信息中心，是为教学和科学研究服务的学术性机构，也是我们阅读的最佳去处。

要想利用好图书馆，首先应该让男孩知道一些相关的制度规定。

第一，要知道借书还书的手续，尤其是借书。如果是开架的书则好说，请图书管理员用扫描仪把要借的书扫描一下即可。如果不是开架的书，就要在索书条上写清日期、书目和你的姓名、借书证号等，请图书管理员帮你查找。

第二，最好记住各个借阅区的开放和关闭时间。很多部门的开放时间不一致，需要多留意门口的时间说明。弄清各阅览区的开放时间，有助于合理安排自己的日程，不至于做出无用之举。

第三，应该了解自己借书的权限，比如一次最多可以借几本书、馆际互借能借几本、每本书可以借阅的时间等。图书馆借的书一般可以保存一个月，如果需要还可以续借。但如果已经有人预约，你就不能续借了。再比如你得知道哪些阅览室的书不能外借，如果你确有需要就要向图书管理员进行说明，押下自己的证件后方可到复印处复印，但必须马上归还。

第四，爱惜借出的图书，以防破损或丢失。尤其要注意别把借来的书弄丢，否则的话将被处以原书价格十倍以上的罚款。中文书的价格大家都清楚，自然不需多言，如果把外文原版书弄丢了，那么也许就需要准备上千元的人民币来交纳罚金。此外还应按时还书，及时续借。

总之，要在图书馆规定的原则范围内行事。否则可能使你赔上金钱和精力，更严重的是会给你借阅图书、利用信息制造很多的麻烦。

建议二：鼓励男孩阅读报纸杂志，让男孩放眼世界

美国人说，"全世界的财富在美国的口袋里，美国的财富在犹太人的口袋里"。犹太人的历史上有很多令人肃然起敬的名字：达尔文、爱因斯坦、马克思、弗洛伊德、海涅、卓别林、毕加索、门德尔松、大卫·李嘉图、斯皮尔伯格、华尔街的超级富豪摩根、第一个亿万巨富洛克菲勒、股神巴菲特、钢铁大王卡内基……为什么犹太人这样优秀？也许，犹太人与其他民族最大的生活区别不是在宗教信仰上，而是在于他们乐于接受最前沿的事物。

犹太人说，世界上唯有智慧是任何人都抢不走的，只要你活着，智慧就永远跟着你。所以他们把最宝贵的财富智慧代代相传。

俗话说"秀才不出门，便知天下事"，我们可以通过书籍、报

纸和杂志来了解世界的来龙去脉，阅读消除了古今的差异，缩短了时空的差距，令人增长见识。一个人的生活当中如果没有阅读，其乏味的程度可见一斑。

单从阅读量来说，我国目前的国民阅读水平令人担忧。中国出版科学研究所发布了《2008 全国国民阅读与购买倾向抽样调查报告》，报告中说我国的阅读主体是 18 周岁以下未成年人，他们因为学习，阅读率达到了 81.4％，而成年人只有 49.3％。成人人均年阅读图书 4.72 本，这个可怜的数字，还比 2007 年多 0.14 本。

超过六成的国民对自己阅读的情况表示不太满意或很不满意，但是大家都有各种各样的原因：工作太忙没时间读书、没有读书的习惯或不喜欢读书、因看电视而没有时间读书、文化水平有限，读书有困难、找不到感兴趣的书、不知道该读什么……

很多家长牺牲了自己的休息时间来给男孩料理生活，但却从来没有想过通过自己给孩子做一个好榜样。妈妈们每天在琐碎的家务中脱不开身，但想要帮助男孩提高学习的积极性，就需要拿出时间来阅读，做给孩子看。

如果男孩喜欢集邮，可以买一些邮票历史、常识方面的书籍、报刊或者杂志；如果他喜欢玩三国游戏，可以买一些介绍三国故事的读物，来开发男孩的阅读潜能，千万不要以为读书就是读康德、尼采、柏拉图。这只会打击自己和男孩的阅读积极性。

很多人都说自己教育孩子没有什么教育资源，其实图书馆就是最好的资源。图书馆不仅拥有丰富的藏书，更有一群热爱读书的人，他们会为孩子营造出一个爱读书的氛围来，让男孩直观地接触到读书的吸引力。而当男孩能够自主地找书读的时候，家长们也就"解放"了。

细节 99　好读书不如会读书

　　学生时代是人生阅读的大好时机，男孩的兴趣激发他不断地去探寻书中的知识。但是书籍多如星辰，在我们短暂的一生中是无法将它完全读尽、读透的。因此，我们需要引导孩子在热爱读书的同时还应该找到合适的方法，以最高的效率猎取他想要获得的知识。

　　按照一般的读书习惯，我们往往是逐字逐句地去阅读，但是我国当代的作家秦牧对于阅读则另有他法，他把读书形象地比喻成"牛嚼"和"鲸吞"。什么叫"牛嚼"呢？他说："老牛白日吃草之后，到深夜十一二点，还动着嘴巴，把白天吞咽下去的东西再次'反刍'，嚼烂嚼细。我们对需要精读的东西，也应该这样反复多次，嚼得极细再吞下。有的书，刚开始先大体吞下去，然后分段细细研读体味。这样，再难消化的东西也容易消化了。"这就是"牛嚼"式的精读。

　　那么什么又叫"鲸吞"呢？他说："鲸类中的庞然大物——须鲸，游动时俨然像一座飘浮的小岛。但它却是以海里的小鱼小虾为主食的。这些小玩意儿怎么能填满它的巨胃？原来，须鲸游起来一直张着大嘴，小鱼小虾随着海水流入它的口中，它把嘴巴一合，海水就从齿缝中哗哗漏掉，而大量的小鱼小虾被筛留下来。如此一大口一大口地吃，整吨整吨的小鱼小虾就进入鲸的胃袋了。人们泛读也应该学习鲸的吃法，一个想要学点知识的人，如果只有精读，没有泛读；如果每天不能'吞食'几万字的话，知识是很难丰富起来的。"

秦牧的方法可以作为我们阅读方法的一个参考，其实，读书的方法还有很多，只是因人而异，各有各的招数，各有各的套路罢了。比如，有人喜欢精读，据说这人读书，读一页撕一页，撕的标准是读完的这一页基本上记住了，他以撕掉书页强迫自己必须记住；而有人喜欢浏览，读得很快，知其大概，但面很广。

对学生来说读书是精深还是广博应视读书的目的而定。

专业书籍应该读之精深；为增长知识提高素质而读的书，只要读其大概就可以了，至多对那些有意义的、重点的语句多读几遍。特别是学理科的男孩读人文书籍，不必在一本书上花太多时间。这段时间读一本，那段时间读一本，久而久之对某一类的知识就知道得多了。文、史、哲、美这类书，靠的是感觉和理解。读完一本哲学书，掩卷而思，很难用几句话概括出自己的收获，但是它已经潜移默化地影响了你的心灵。一些专业性较强的书籍，也不宜花很多时间，因为它不太容易钻进去，如果你没有搞这一专业，钻深了也无用。读一两本知其大概就可以，将来如果需要，再去钻研也来得及。

我们读书大致有以下一些目的：为了掌握某种信息；为了寻找重要的细节；为了解答某个特定的问题；为了评估你正阅读的书籍；为了应用阅读的资料；为了娱乐。针对不同的目的采用不同的阅读方法从而获取自己想要的东西，这才称得上是真正会读书的人。

建议一：告诉男孩会读书的人有所读，有所不读

宋朝开国宰相赵普，被传为"半部《论语》治天下"。他出身贫寒，来自乡间，一生没有好好读过书。因为与赵匡胤年轻时是同学，所以当了宰相。"半部《论语》"是谦虚的话，表示读书不多，只读了半部《论语》。据历史记载，碰到国家大事和重要问题不能解决时，他都要停下来，把今天不能解决的问题搁到明天。有人看到他回去以后，往往在书房里拿出一本书来看。一些人好奇，想知道这个秘密，拿出来一看，就是一部《论语》。其实《论语》中并没有治理国家的具体方法，更没有什么政治技巧，它讲的都是大原则，但赵普却能以"半部《论语》治天下"，可见《论语》一书言简意赅、深入浅出之优点。因此，我们不仅要会读书，而且还要选择好书籍来阅读。

多读书、读好书是对学生最起码的要求。现在各种各样的书籍琳琅满目，令人眼花缭乱、目不暇接，图书馆里的藏书就达几十万或几百万册。虽然学生读书的时间相对充裕，但是人的精力毕竟有限，任何人也不可能达到博览群书的境地。因此应该在最大限度多读书的前提下，尽最大可能地读好书。

我们不仅要选择好书来读，而且还要对书中的知识有选择性地采纳，即所谓取其精华。家长应引导男孩尽量在学好专业课的同时，根据对自己未来职业生涯和人生规划有目的地多涉猎一些感兴趣的领域，使自己的知识成为一个开放的、多元的、精细的系统。

"走不尽天下路，读不尽世间书。"世上有多少本书？谁也说不清。当今时代，各种门类的新知识层出不穷，令人应接不暇。据统计：世界知识的总量，每隔5～10年就要翻一番，而且按几何级数继续增长。1500年前，欧洲一年所印的书，不会超过1000卷，而今我国一年所出的书刊、画报就达40亿册（张）。其实，现实中远远不止这个数目。面对如此浩瀚的知识海洋，男孩怎样才能更迅速、直接地找到对自己有价值的书来阅读呢？选择经典的书籍将会让他取得事半功倍的效果。

同时，在信息丰富的环境中阅读，男孩还必须具有高度的选择性。庄子曾经说过："吾生也有涯，而知也无涯。以有涯随无涯，殆矣!"虽然庄子的这个论点是消极的，但所提出的问题是值得我们思考的：如何以有限的一生向无限的知识海洋进军？要解决这个问题，在确定阅读的战略时，就要根据男孩的年龄、知识结构、图书资料的条件、所要解决的问题等，确定阅读的主线，并将这条主线用阅读计划的形式，明确表现在一些具体书目上。不仅要根据这条主线来分配阅读精力、安排阅读时间，选择阅读的思维类型，而且更重要的是要根据这条主线组织其他阅读参考材料，做到"有所为，有所不为"，才不会被知识海洋的波涛吞没，而是如鱼得水、应付自如。

建议二：告诉男孩会读书的人专而有恒

书海是无限的，而人生是有限的，这"无限"和"有限"之间的矛盾，可以说是制定阅读战略的客观依据，它要求人们不能忽视"专而有恒"的阅读战略。我国古代学者对这一阅读战略特别重视。孟子有一句名言："博学而详说之，将以反说约也。"这体现了广中求精、博中求专的阅读战略。

男孩要反复啃熟自己感兴趣的经典性书籍，从而造就一定的专业眼光，俗话说，"一经通，百经毕"。著名学才高亨等就把真正"读通"一种重要古籍作为治学之中的第一步。他早年在清华大学研究院读书时，选定《韩非子》一书作为钻研的对象，潜心攻读，这成为他日后研究先秦古籍并取得卓著成绩的重要起点。从研究院毕业后的几十年间，他的阅读研究范围遍及周秦重要古籍，兼治文、史、哲，再从广博的基础上突破一点，于是便取得了成绩。

所谓"专"，也不是仅仅局限在一处，而忘记了吸取多方面的知识。不断地"博"，是学习者一辈子的任务。但是，到了一定的时候，在"博"的同时，要注意"专"。夸美纽斯早就说过："聪明的人不是知道得多的人，而是知道什么是有用处的人。"报纸上报道过一个外国人，到 75 岁时，获得了第五个博士学位，可谓不简单矣，但没有一点自己的贡献，并不是真正的科学家。皓首穷经，博而不专，终究是无用的。

其次，读书要"专而有恒"，要咬定目标，不达目的，绝不读其他的书，尤其是不相干的书。今后，男孩可能还会涉猎一些其他方面的知识。以读近代史为例，男孩应从现代史中抽出几个特别重要而且你又对它有兴趣的年代作为精读的重点，认真梳理，深入研究。准备工作就是尽可能把那些跟重大事件相关的书都搜寻过来，除此之外的书就不要去管了，再循序渐进，读些可信度比较高的史书、文件、回忆录、文献等，并且相互参照，分析比较。

男孩在涉猎这些重大历史事件时一定要专注，但并不一定硬要把它作为一门学问来研究。当然，男孩要是还有比这更好的学习方法，更能有效地利用自己的宝贵时间，那自然更好了。同样是读书做学问，与其全面撒网、遍地开花、多头并进、八方涉猎，不如选准主题、咬住不放、深入探索、系统梳理，这样更见成效。

读书，能持之以恒、坚持终生，不是一件容易的事。有不少人读到一定的阶段就偃旗息鼓，"紧急刹车"，再不愿深化、前进了。

家长要让孩子明白，读书求知如逆水行舟，不奋力前行，就会功亏一篑，被社会淘汰。只有不断勤勉地更新知识、充实自我的人，才有希望向新领域迈进，获取新的成果。

读书贵在专而有恒，要一步一个脚印，一本一本地吞食。虚浮、轻飘、浅尝辄止、做表面文章，或以卖弄学识自耀，或以书装饰门面，都是读不出名堂来的。

细节 100 推荐给男孩的必读书

当代著名的学者余秋雨说："读书最大的理由就是摆脱平庸。"
读书给人带来的最大快乐莫过于在一字一句的品味中洗练自己。
平庸的人无所事事，是一种被动又功利的谋生态度。如果人不想
平庸，最好的方式就是将更多的业余时间用来读书，丰富自己的
精神。

古人说："书犹药也，可以治愚。"多读书，可以帮助男孩树立
正确的世界观、人生观、价值观，确立理想的信念，对于摆脱庸俗
大有裨益。

人的一生是那样有限，不可能事事经历，所以如果想要获得
更多的知识和体验，最快捷的方式就是读书。通过书籍，男孩可
以自由地穿越辽阔的时空和漫长的时间，逐渐变得驰骋古今，经
天纬地。有选择、有深度和广度地读书会使人充满理性、充满智
慧和光芒。

很多父母担心自己的男孩不爱读书，或者担心他们只读一些
漫画类的休闲读物。其实，这个问题出现在父母没有对男孩进行
正确的引导。父母可以启发男孩的阅读兴趣，帮助男孩养成绝佳
的读书习惯。以下有 7 条鼓励和引导男孩读书的建议，可供参考：

1. 给男孩提供一个读书的气氛

建议家长在家里男孩经常走动的地方放个小书柜，里面放些童话故事、科幻故事等，方便男孩随手能拿到。事实上，很多伟人在小的时候都有这样的经历，由于在童年读了几本有影响力的书籍，改变了他们一生的成长方向，甚至造就了他们未来的事业。

2. 和男孩一起读书

如果父母有空余的时间，可以和男孩一起读书，和男孩一起评论书中的内容，这样做的效果会更加理想。如果能经常和孩子聊聊书中的故事，复述书中的故事情节，谈谈读书的心得体会，孩子的生活会变得更加有趣。对于故事书中的情节，假如男孩能够清楚、正确地复述大意，就表明他吸收了书中的内容。

3. 给男孩讲书中的故事

为男孩讲书中的故事，是培养读书兴趣的有效途径。它能凭借故事的魅力强烈地吸引孩子，从而引导孩子寻找乐趣而自觉自愿地去读书。同时，也拉近了父母与孩子的心理距离。

给孩子讲故事最好是在每天的固定时间进行。形成习惯之后，孩子每天就会期待着这一刻，从而使这一活动成为家庭生活中的一部分。讲故事恰当的时间应该是在睡觉之前，这时基本上没有什么要做的琐事。

4. 鼓励男孩把他从书中获得的故事讲给父母听

当男孩养成了自觉看书的习惯之后，父母可以请他讲讲书中的故事，并询问故事中的细节。这样做一方面会促使男孩看书更加仔细，也会促使孩子产生一种成功的喜悦，读书的兴趣更加稳定。

5. 引导男孩从书中寻找他急于想知道的答案

男孩一般有不懂的问题，都会缠着大人问这问那，这时家长可以适时地告诉孩子，他的这个问题在某本书中可以找到很好的解答。平时，家长还可以给孩子讲个好听的故事，讲完之后再告诉男孩，这个故事就在某某书中，相信孩子一定会对书发生兴趣。

6. 帮助男孩选择读物

一般来讲，在选择书籍的时候要先读一读书前或书后的内容提要，从中弄清是否适合孩子的年龄，再看一下目录，内容是否适合孩子，最后还要看一下内容质量如何，再决定是否购买。

7. 指导男孩掌握一些常用的阅读方法

为了让男孩保持持久的阅读兴趣，就必须要指导男孩掌握一些常用的阅读方法，例如：精读、略读、跳读、朗读、默读，对于不同体裁的读物还要采取不同的阅读方法。对于精典的读物要精读，对于故事类读物要略读，为了寻找某些文献资料可用跳读。优美的诗歌和散文适用朗读，逻辑性较强的文章适宜默读。

建议一:《小王子》: 陪伴男孩一生的童话经典

法国是一个浪漫的国家。如果问哪一本书最能展现法兰西式的浪漫，那结果一定让人感到意外——是一本童话书《小王子》。法国人将"20 世纪最佳法语图书"的桂冠授予了《小王子》，连《追忆似水年华》这样伟大的现代文学作品都要屈居其后。2006 年4 月，法国人高调为《小王子》过了 60 岁大寿。时至今日，它已经被翻译成了 160 多种语言，销售了 8000 多万册。

人们为什么喜欢《小王子》，因为孩子在其中看到了一颗玻璃一样纯净的心灵，而成年人则可以从中读到一种人生智慧——可以说，《小王子》是一本可以见证男孩成长为男子汉、一家之主、甚至白发苍苍的老人的书，它就像男孩一生的朋友，教会他什么是爱，什么是美好，什么是友谊，更重要的是教会男孩用不同于成年人的眼光去看待这个世界。可以说，《小王子》不仅是男孩不能错过的读物，也是每个家长应该读一读的书。

《小王子》用诗一般的语言，为我们讲述了一个梦一般美丽的男孩的旅行故事。小王子孩童的眼光澄澈透明，成人世界的虚伪与贪婪在他的目光注视下原形毕露。这部作品中描述了爱的微妙情绪，亦对金钱关系予以了批判、讴歌了真善美。由此我们可以理解，《小王子》为什么能得到法国人深深的爱，为什么能得到无数小读者的追捧。

今天，我们向男孩们推荐《小王子》，希望更多的男孩能从这位英勇的飞行员书写的童话中找寻到爱的真意并受到小王子探索世界的勇气的感染——有多少人敢于离开温馨的家园，走上未知的茫茫旅途？更何况，小王子的家是宇宙中一颗微小的星球，他的征途何止是遥远的地平线，而是广阔的宇宙。

旅途让人成长，小王子的星球之旅，能让男孩们看到成人世界的贪婪与虚伪，看到童真世界的美好与宝贵，体会到生命中最初的惆怅与忧伤。那些在我们看来满脸脏兮兮的、带着游戏后一身臭汗的男孩们，其实他们心中也有自己的音乐和旋律，他们对世界的探求比我们能想象到的要敏感得多。每个男孩都是那兼具勇气与脆弱、身负冒险精神的小勇士，为什么不送他们一本《小王子》，让他们在人生旅途之初能与那有着一头柔软金发的、笑容温纯的男孩结伴而行？

建议二：《爱的教育》：唤醒男孩的爱心

意大利的文学作品，除了薄伽丘的小说《十日谈》、但丁的诗集《神曲》、彼特拉克的十四行诗集《歌集》，还有一本不可不知的，是艾德蒙多·德·亚米契斯的《爱的教育》——即使不知道《十日谈》《神曲》，也得读一读《爱的教育》。无论谁读过之后，都会有心灵被清泉荡涤的感觉。

《爱的教育》被世界各国公认为充满爱心与教育意义的书，1994年，它被列入了国际安徒生奖《青少年必读书目》之中。

《爱的教育》的蓝本是亚米契斯的儿子的日记，经由亚米契斯改编成书。文学家夏尊先生曾经翻译过这部作品，在翻译《爱的教育》时他这样说："教育之没有情感，没有爱，如同池塘没有水一样。没有水，就不成其池塘，没有爱就没有教育。"此语道出了教育的真谛，亦指出了本书的主旨。

故事是以一个小学男孩的口吻来写的，很贴近孩子们的生活。故事的主人公、小学生安利柯生活在一个幸福的家庭，他是一个非常善良上进的好孩子。安利柯的父亲是一位教育行家，耐心细致地指点安利柯在学习与生活中遇到的种种难题。故事描述了安利柯在学校、在家里的所见所闻，在校内外的所见、所闻和所感，塑造了小石匠、小铁匠、卖炭人的儿子、少年鼓手等渺小却不平凡的人物。

《爱的教育》全书内容可归类为三部分：发生在安利柯生活中的小故事、父母写在安利柯日记本上的教育性文章、老师在课堂上为大家讲述的"每月故事"。其中"每月故事"是一个亮点，有很多今天我们耳熟能详的故事都出在这个部分，譬如《爸爸的看护人》《马尔科万里寻母记》《伦巴第的小哨兵》《弗罗伦萨的小抄写员》等。

作为一本教育氛围浓郁的小说，《爱的教育》涉及到的教育面很广，一个十几岁男孩在生活中可能遇到的问题，几乎都有提及。当今男孩在为人处世方面是一个弱项，《爱的教育》恰恰尤其偏重此处。另外，男孩应具备的责任感在书中也被浓墨重彩地描绘。

这本书还有一个特点是许多同类书所无法企及的，即对爱国主义精神的赞美与褒扬。书中的少年们不畏牺牲，勇敢地为国家、为荣誉而战斗，对他们而言，祖国的荣誉高于生命。一位少年被父母卖给了戏法班子，在国外流浪，得到了意大利领事馆的帮助才得以登上回家的客船。在船上，他得到了乘客施舍的铜币，但是当听到那些人辱骂他的祖国时，他毅然将铜币通通砸向了他们，宁可忍饥挨饿也要维护祖国的尊严。一个贫苦的流浪儿尚且如此，其他孩子对祖国的感情可想而知。

父子之爱、师生之爱、同学之爱、家国之爱……种种爱，汇聚成为了《爱的教育》。家长可找一个宁静的午后，与男孩一起读一读这本书，让孩子学会用心灵去感受生活的点点滴滴。

建议三：《彼得·潘》：男孩心中的永无岛

1904 年 12 月 27 日，一部童话剧在英国伦敦公演后引起了巨大轰动。人们这么喜爱这部作品，以至于从此每年到了这个时候伦敦都要上演此剧。这部童话剧，就是大名鼎鼎的《彼得·潘》。

《彼得·潘》描绘了一个美妙的世界"永无岛"，这个世界完全就是儿童心目中童话世界的大拼盘：海盗、仙女、美人鱼、红人……男孩们生活在地下之家，平日的生活就是与海盗虎克船长和他的手下大战——这种战争显然就是男孩们之间玩"打仗游戏"的翻版。

《彼得·潘》是童心的呼唤，永无岛是每个男孩的梦想之地，通过阅读《彼得·潘》的故事，他们能找到翱翔在天、惩恶扬善的乐趣。《彼得·潘》的想象力的来源看似平淡——它来自于一群公园男孩的日常游戏；作者的强大之处就在于，他把日常的游戏直接植入到永无岛这片奇幻岛屿之上，孩子们读后，会有似真似幻的感觉。如今的男孩的童年不像父母们的童年那般丰富多彩，他们没多少机会在大自然中尽情玩耍，甚至与同龄朋友玩乐的时间也特别宝贵。通过《彼得·潘》，他们能找到男孩们"团队战斗"的乐趣，在蛮荒之梦中与坏人战斗，与鬼怪精灵共舞，世界善恶交缠，多彩奇幻。送给男孩一本《彼得·潘》，让每个男孩在纸页中找到属于童年的纯净无杂的梦境，即使是无梦的男孩，也能在心中建筑起一座属于自己的永无岛。

故事开始于一个夜晚，女孩温迪家的狗咬碎了一个会飞的小男孩彼得·潘的影子。温迪帮彼得·潘补好了影子，彼得·潘对她心生好感，决定带她去永无岛当男孩们的妈妈。彼得·潘用仙粉洒在温迪和她两个弟弟的身上，于是他们飞了起来，飞向了那片梦幻岛屿永无岛。

在永无岛，温迪经历了种种冒险，同孩子们一起在彼得·潘的带领下斗败了海盗，度过了一段难忘的快乐时光。彼得·潘是被母亲遗忘的男孩，他一生都有柔软的头发、珍珠般的乳牙，永远固执地不去长大。但是温迪不同，她想念家，想念爸爸妈妈，于是温迪决定离开。彼得·潘与温迪约定，每到春暖花开的时节都会去看望她。这个忘性太大的男孩这次没有失约——虽然等他记起这个约定的时候，时间已经过了那么久——温迪已经长大成人，并且真的做了孩子的母亲。彼得·潘带温迪的女儿回永无岛做男孩们的母亲，等温迪的女儿长大后，又来引领温迪的孙女飞上了通往永无岛的夜航之路……

童年是人生最纯粹美好的一段乐章，《彼得·潘》的故事，收纳着无数孩子疯狂的梦想和无尽的童真，所以，会有那么多人喜爱《彼得·潘》，喜爱小飞侠。《彼得·潘》被翻译成了多国文字在世界传播，很多图书、画册、动画片、电影、邮票、纪念册都以《彼得·潘》为主题，孩子从中找到了自己梦想，成人从中看到了自己童年的遗影，小飞侠、永无岛的故事会永远流传。

建议四：《西游记》：淘气男孩爱上阅读的引路人

很多人都觉得，淘气的孩子静不下来，也没有办法读书，那么这里就要向家长推荐《西游记》这本书了。没错，就是你非常熟悉的四大名著之一，它可是帮助男孩爱上阅读的"得力助手"。

《西游记》是一部具有中国文化表征及特质的小说，作品所表现出的魔幻神奇的艺术境界亦为人们提供了美的享受。在亦真亦幻、神奇瑰丽的描写中，作者将现实与非现实有机结合起来，将故事纳入了一个神奇的框架中，故事色彩斑斓，情节离奇神异，读起来令人爱不释手。

如果男孩子喜欢"打打杀杀""舞枪弄棒"，那么《西游记》可以算作是他们的启蒙教材了。

《西游记》由三部分组成。前七回写孙悟空出世及大闹天宫，是全书最精彩的部分；八至十二回，写唐僧出世及取经缘起；第十三回到全书结束，写孙悟空、猪八戒、沙僧保护唐僧到西天的经历，一路上孙悟空斩妖除怪，一师三徒历尽磨难，到达西天，终成"正果"。这是《西游记》的主体部分。

这其中最吸引孩子的要数孙悟空大闹天宫了。泼猴儿把天宫闹得个鸡犬不宁，连王母娘娘都敢惹，读起来大快人心——从某种程度上来说，这也是一种补偿心理，让男孩的"叛逆因子"可以在阅读中得到抒发。

另外，建议家长和孩子一起读《西游记》的时候，一开始可以尝试角色扮演，让孩子选择自己喜欢的角色来阅读他们的语言。这样做可以调动孩子的全部精神来阅读，可以提高孩子的专注力，另外也可以增加亲子感情，留下愉快的阅读回忆。

由于这本书有影视剧可以作为阅读的补充，家长们要注意运用影视材料的方式。如果孩子们没看过原著只看过电视剧，他们往往就会对原著不感兴趣。所以，建议家长先不要购买影视资料，让孩子了解一点点其中的情节，让他忍不住想要知道下面发生了什么事情。这样孩子阅读的动力会大一些。如果一开始就看影视，不仅失去了一次感受阅读快乐的机会，孩子还不愿意动脑阅读。不过，家长一开始不要急于让孩子读原版，从适合青少年阅读的版本开始，最好略有插图作为情节补充，以增加小孩的阅读兴趣。